► Jeweils ein kleiner und ein großer Fisch gehören zusammen. Vergleiche die Buchstaben und male die Fisch-Paare in der gleichen Farbe an.

1

▶ Welcher Anfangsbuchstabe passt zum Bild?
Kreise ihn ein.

1 W M X

2 N A E

3 J I A

4 D T L

5 F L E

6 R P D

7 A S Z

8 F U O

▶ Schreibe nun die eingekreisten Buchstaben der
Reihe nach auf und du erhältst die Lösung.

| 1 | 2 | 3 | 4 | 5 | 6 | | 7 | 8 | ! |

▶ Bei welchen Wörtern hörst du den Vokal am Anfang? Kreise ein.

A	🐜	🐟	🐵
E	🫏	🍓	🌹
I	🍒	🏝️	🦔
O			👂
U	🛸	⏰	👁️

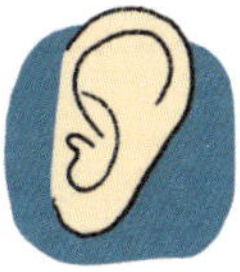

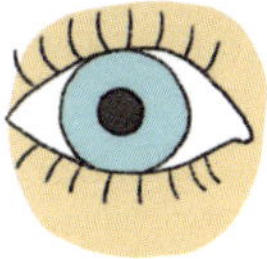

▶ Schreibe nochmals alle Vokale auf.

▶ Schreibe auf jeder Karte jeweils den kleinen oder großen Buchstaben dazu.

 W __

 __ d

 L __

 __ j

 __ n

 C __

 __ k

 U __

 __ p

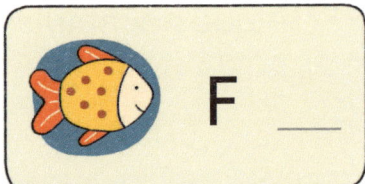 F __

▶ Ergänze **a**, **e**, **i**, **o**, **u** in den Wörtern. Verbinde jedes
Wort mit dem passenden Bild.

R__b__

D__lf__n

W__lf

K__m__l

H__nd

▸ Der Tintenfisch hat gekleckst.
Ergänze die richtigen Anfangs-
buchstaben der Wörter.

alme   alat

adio   fo

gel   aket

aus   lefant

pfel   oller

▸ Von oben nach unten gelesen ergeben die
Buchstaben jeweils ein neues Wort. Schreibe
diese Wörter unten auf.

▶ Ergänze die fehlenden Silben in den Wörtern.

To_____te   Zi_____ne

Kro_____dil   Pap_____ka

Pin_____in   Last_____gen

Ba_____ne   Me_____ne

Po_____zist   Ka_____der

▶ Male nun die Felder mit den eingefügten Silben
   aus. Was siehst du?

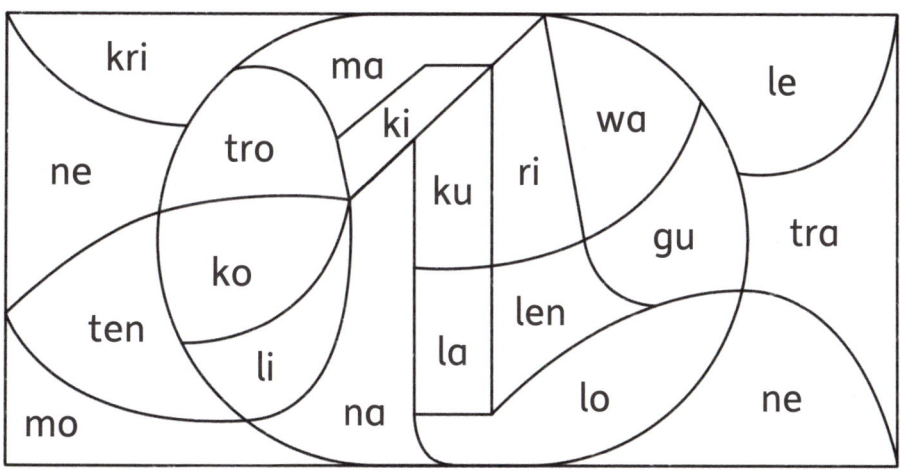

▶ Folge dem Weg des Ausrufezeichens und trage die
  fehlenden Buchstaben in die Wörter ein.
  Trage unten die Buchstaben der Reihe nach ein
  und du erhältst ein Lösungswort.

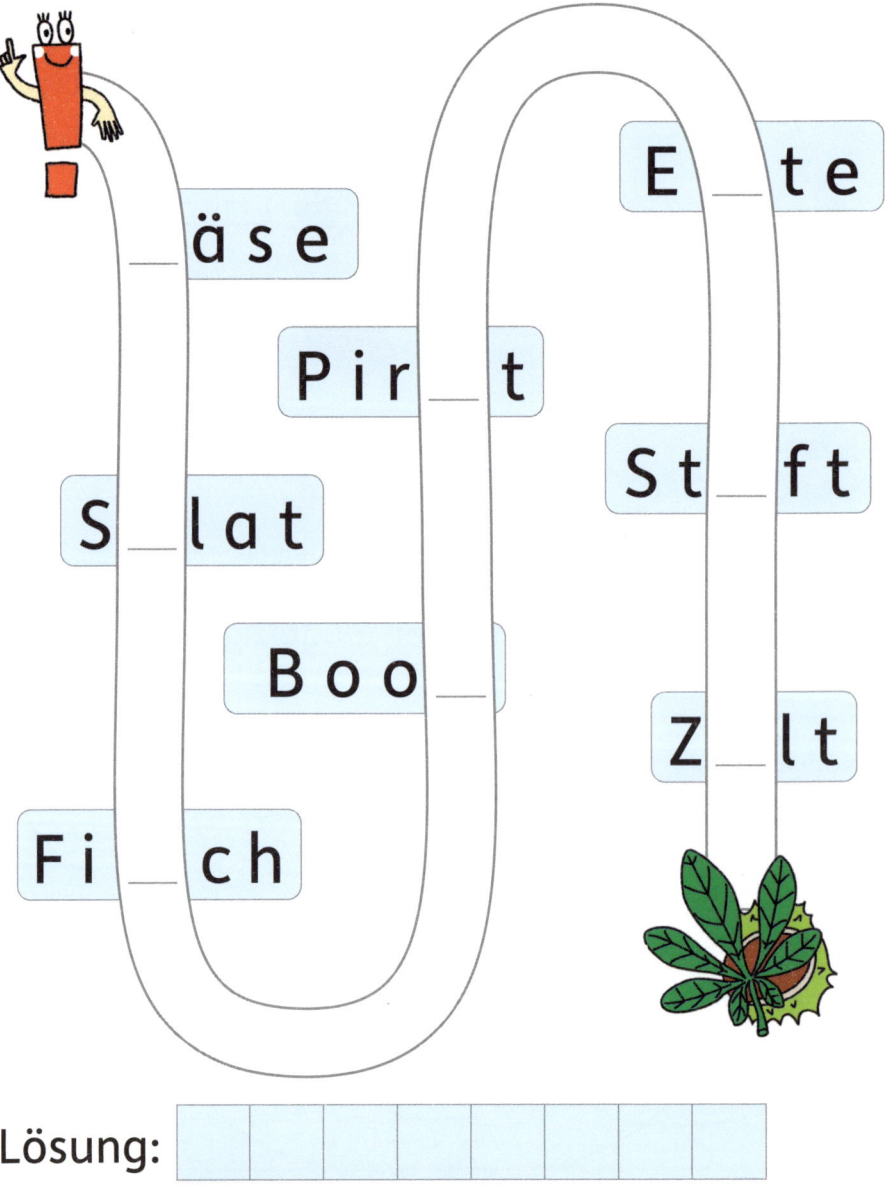

E _ t e

_ ä s e

P i r _ t

S t _ f t

S _ l a t

B o o _

Z _ l t

F i _ c h

Lösung:

8

► Welchen Laut hörst du am Anfang? Schreibe die Buchstaben in die Kreise. Trage unten die Buchstaben ein, dann erhältst du ein Lösungswort.

⬤ ilz ⬤ fen ⬤ ofa

⬤ isch ⬤ amel ⬤ pfel

⬤ ose ⬤ afel ⬤ sel

Lösungswort:

⬤ ⬤ ⬤ ⬤ ⬤ ⬤ ⬤ ⬤ ⬤

► Schreibe unter jedes Bild den passenden Anlaut.
   Lies die Wörter und verbinde rechts mit dem
   richtigen Bild.

▶ Hier ist jeweils eine Lautkugel zu viel. Streiche sie durch und schreibe das Wort richtig darunter.

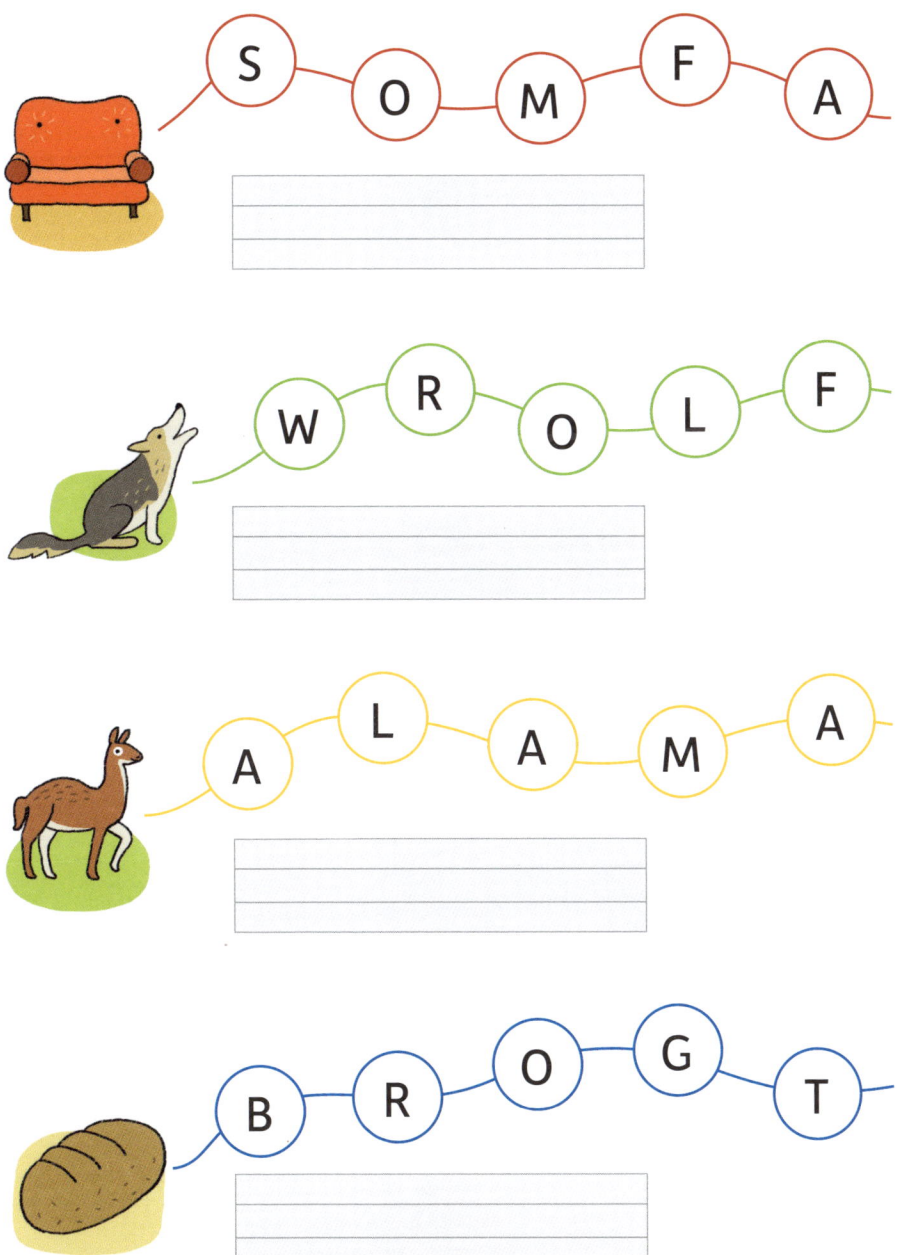

▶ Ergänze bei den Wörtern **D** oder **T**. Verbinde dann jedes Wort mit dem richtigen Bild in der Mitte.

__urm

__ose

__iger

__isch

__ach

__elfin

__asche

__omino

__ino

__afel

▶ Schneide die Flügel der Schmetterlinge unten aus.
Beginnen die Wörter mit einem **G** oder einem **K**?
Klebe sie jeweils zum richtigen Schmetterling.

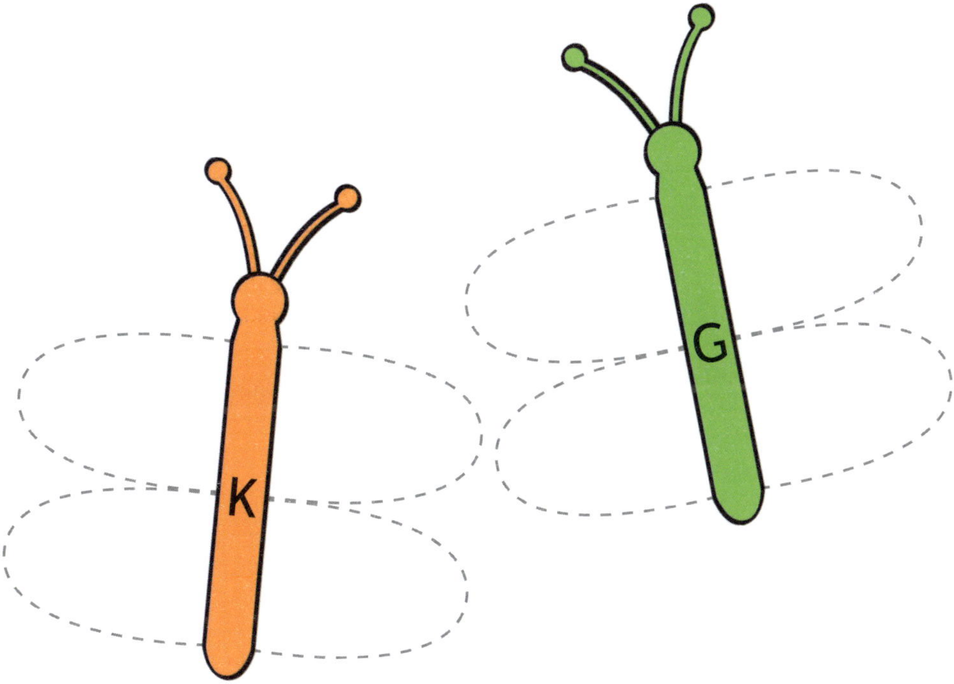

G

K

▸ Was sind die Lieblingstiere der Kinder?
Schreibe mit Hilfe der Anlaute und lies die Wörter.

► Setze die fehlenden Vokale A, E, I oder O ein.

| K | | W | 4 |

| | N | 2 | N | | S |

| B | | R | N | 6 |

| B | | N | 5 | N | |

| M | | L | 1 | N |

| 3 | P | F | | L |

► Trage hier die Buchstaben mit Zahlen richtig ein.

| 1 | BSTS | 2 | L | 3 | T | M | 4 | T | S | 5 | HN | 6 |

▶ Ordne die Kreise jeweils der Größe nach. Beginne mit dem größten und schreibe die Buchstaben der Reihe nach auf. Welches Wort kannst du lesen? Kreise das passende Bild ein.

► Schreibe die Wörter. In jedes Feld gehört ein Buchstabe.

► Trage hier die Lösungsbuchstaben ein:

| 1 | 2 | | 3 | 4 | 5 | 6 | | 7 | 8 | 9 | ! |

▶ Schreibe die Wörter Laut für Laut.

▶ Schreibe die Buchstaben der blauen Lautkugeln der Reihe nach auf. Wo fliegt die Rakete hin?

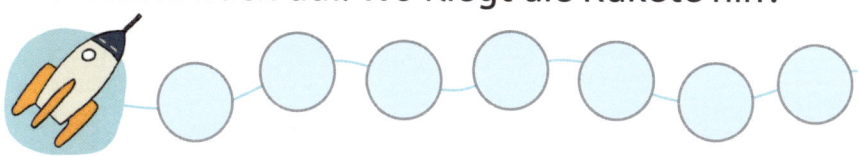

▶ Sudoku: Schreibe die Buchstaben der Wörter in das Sudokufeld.
Beachte: In jeder Zeile →, in jeder Spalte ↓ und in jedem 4er-Feld ⊞ gibt es jeden Buchstaben nur genau einmal.

 Nest

N	e		t
			N
t		N	
e		t	s

 Rose

R	s	o	
	e	R	
s			
	o	s	R

 Hund

n			H
	H	n	u
	d		
u			d

Löse zuerst die Zeile, in der nur ein Buchstabe fehlt!

► Einige Buchstaben sind hier falsch geschrieben.
Streiche sie durch. Schreibe nur die richtigen
Buchstaben der Reihe nach darunter, dann weißt
du, wie die Kinder heißen.

▶ Welches Osterei findet Leila? Folge **ei** durchs Labyrinth, dann weißt du es.

ei
ie
ei
eu
eu
eu
ei
ei
ie
ei
ie
ei
ie
ee
ei
ie
eu
ei
ie
ei
eu
ei
ie
eu
ee

▶ Schreibe die Wörter mit **Ei/ei** zu den Bildern auf.

▶ Im Wörtergitter hat sich in jeder Zeile (→) ein Wort mit **AU** versteckt. Male es an.

C	R	B	A	U	M	T	E	A	V	E	R
G	V	A	L	R	A	U	P	E	R	N	F
D	F	R	A	U	O	A	H	R	L	B	L
N	G	L	T	A	U	B	E	Z	O	I	R
S	U	E	Z	I	R	M	A	U	S	A	K
M	V	Z	A	U	N	R	G	U	D	J	B

▶ Schreibe nun die Wörter unter das passende Bild.

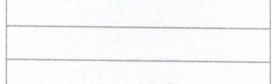
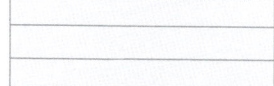
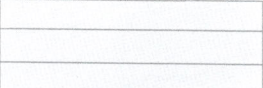

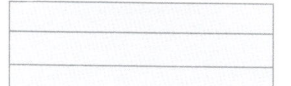

► Wie viele findest du? Zähle und schreibe auf.

drei Z

Aus au
wird äu!

▶ Im Wörtergitter sind 5 Verben mit **au** versteckt.
Male sie an.

X	k	a	u	f	e	n	X	X	X	X	X
X	X	l	a	u	f	e	n	X	X	X	X
X	X	X	z	a	u	b	e	r	n	X	X
X	s	c	h	a	u	k	e	l	n	X	X
X	X	X	s	c	h	r	a	u	b	e	n

▶ Schreibe die Verben von oben zum passenden Bild.

▶ Was hörst du am Anfang: **B** oder **P**? Schreibe die Wörter in das passende Haus.

26

▶ Schreibe die Wörter mit **Eu/eu** auf.

Eu ro

Eu le

F **eu** er

B **eu** le

n **eu** n

B **eu** te

▶ Setze **eu** in die Lücken ein und lies den Text laut.

Die Gespenster
h___len h___te
und erschrecken
viele L___te!

27

▶ In jeder Blume findest du 4 Wörter, die sich reimen.
Schreibe sie daneben.

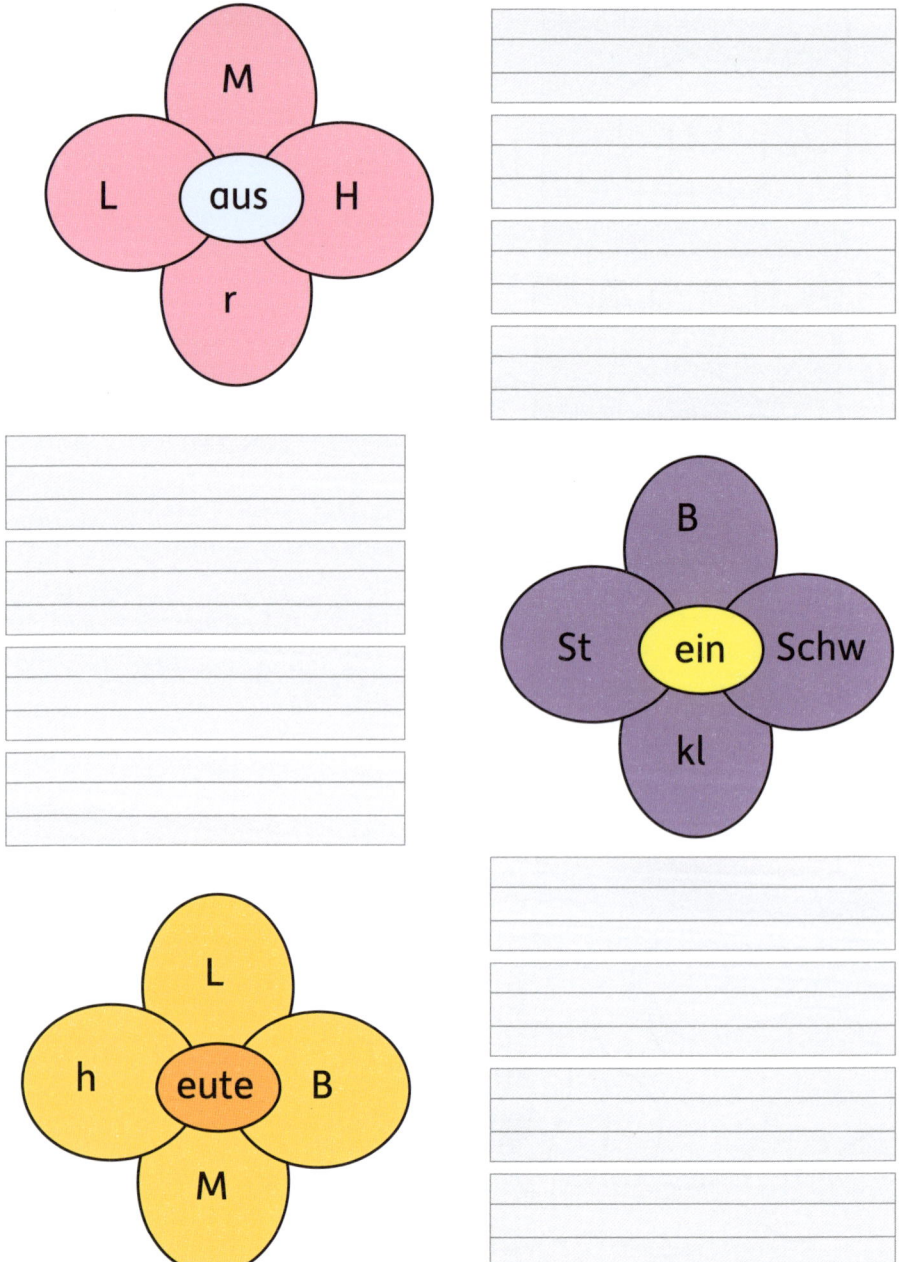

▶ Zaubere neue Wörter, indem du nur den blauen Vokal (Selbstlaut) veränderst. Schreibe darunter.

Z	U	N	G	E

H	U	N	D

P	A	P	P	E

H	A	S	E

N	U	D	E	L

B	A	C	H

P	E	L	Z

M	U	N	D

B	U	R	G

▶ Wie kommt der kleine Drache zu seiner Höhle?
Zeichne den Weg ein.

Buch   Jacke

Tisch   Sohn

Loch   Fisch

Tuch   Dach

Ecke

Kuchen

Kirsche   Koch

▶ Schreibe die Wörter, die der Drache auf seinem
Weg eingesammelt hat, auf.

▶ Der Zauberer hat die Wörter durcheinander-
gebracht. Kannst du die Buchstaben wieder
ordnen? Schreibe die Wörter richtig auf.

► Löse das Kreuzworträtsel. Alle Wörter schreibst du mit **Sch/sch**. In den blauen Kästen ergibt sich von oben nach unten gelesen ein Lösungswort.

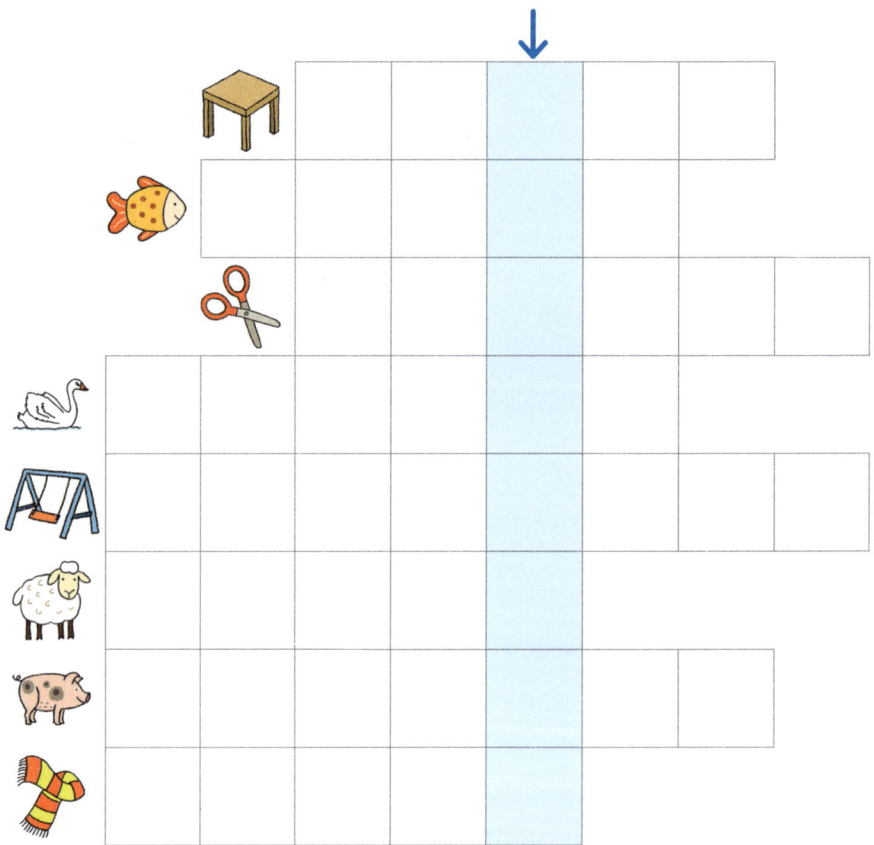

► Schreibe das Lösungswort auf und male es in das Kästchen daneben:

▶ Schreibst du **ng** oder **nk**? Kreise ein und schreibe das Wort jeweils darunter.

ng   nk

ng   nk

ng   nk

ng   nk

ng   nk

ng   nk

► Was begegnet dem Zwerg alles auf dem Weg zu seinem Haus? Male jedes Wort in einer anderen Farbe an.

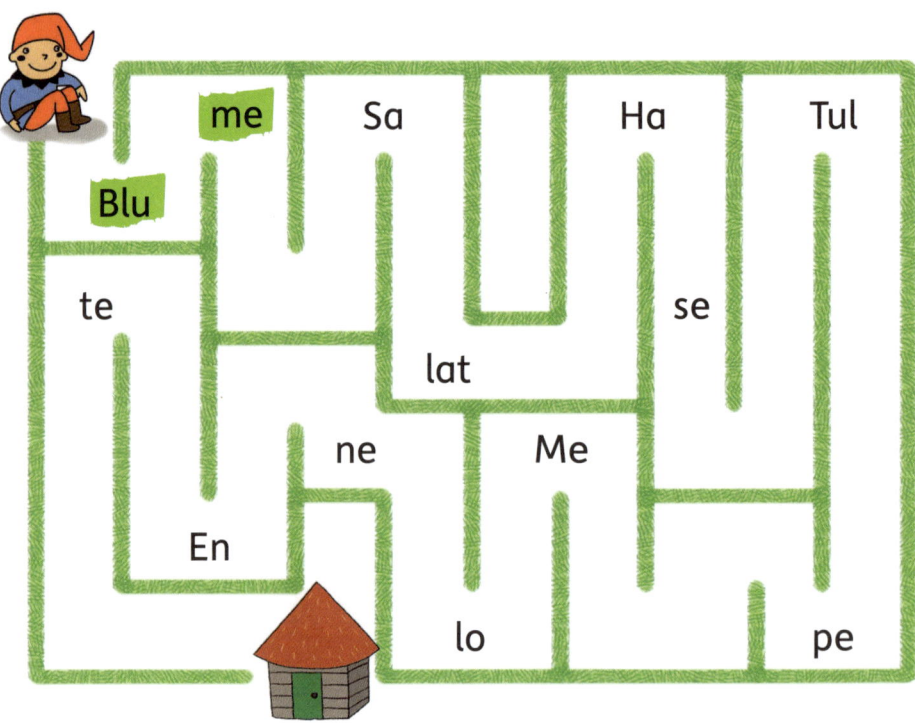

► Schreibe alle Wörter hier auf.

Blume,

▶ Verbinde die Buchstaben in der richtigen
Reihenfolge und schreibe das Wort daneben.

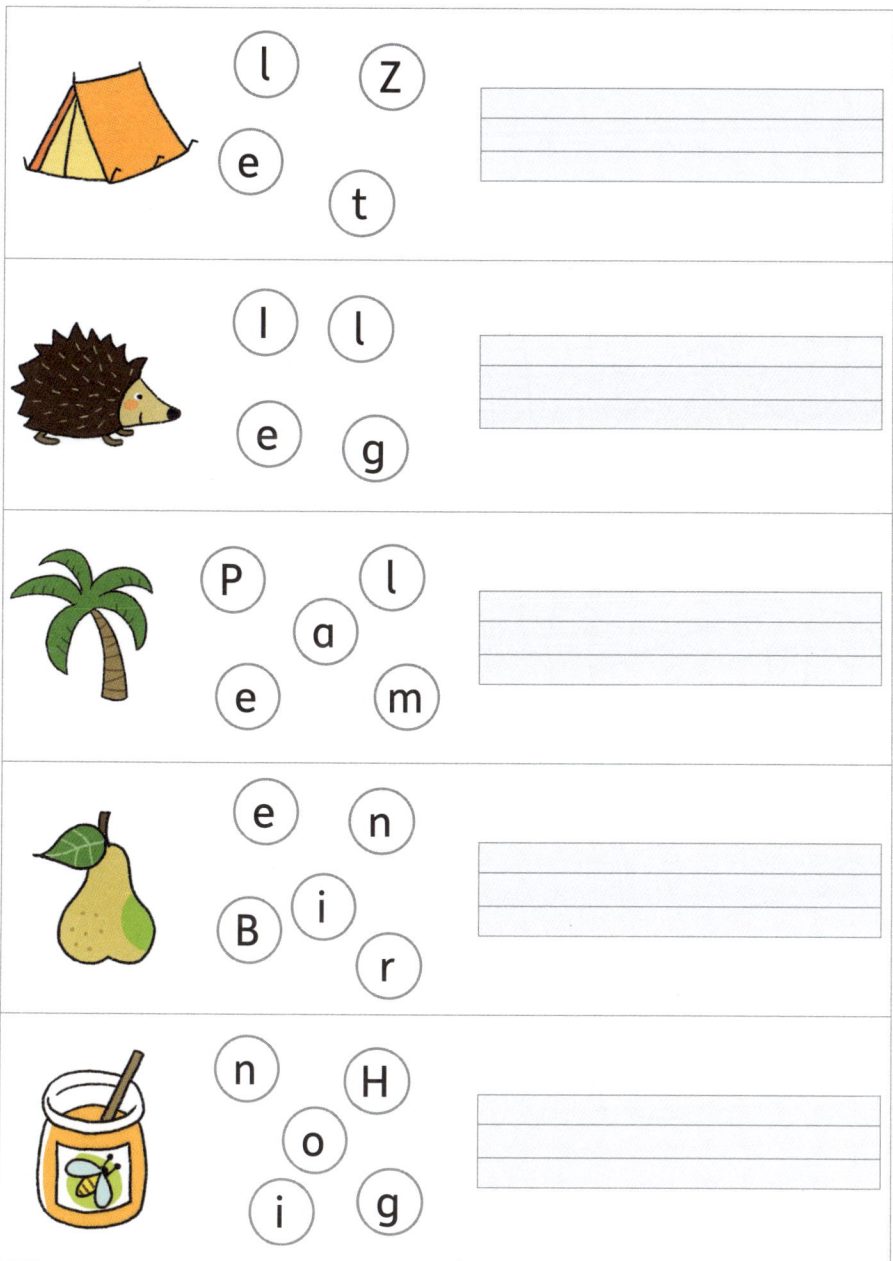

► Folge den Wegen der Tiere und schreibe am Ende das Wort nochmals richtig auf.

▶ b, d oder p? Male an: **b** **d** **p**

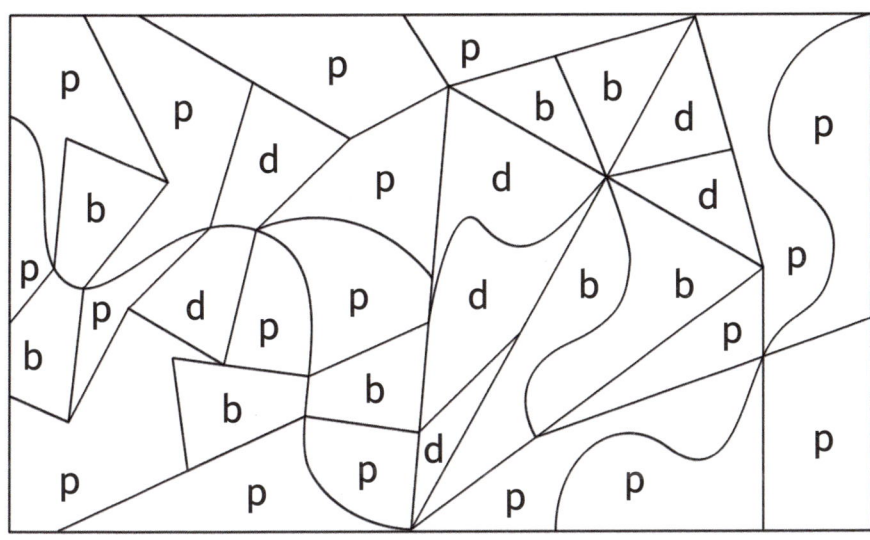

▶ b, d oder p? Trage richtig in die Wörter ein.

Am___el   Ga___el

Ra___e   Rau___e

Na___el   Fe___er

► Schreibe jeweils das passende Reimwort darunter.

Tisch

Bei Reimwörtern ändert sich immer nur der erste Laut.

Rose

Turm

Hase

Maus

Hund

▶ Welche Wörter mit **Pf/pf** kannst du aus den Buchstaben bilden? Schreibe auf und kreise das passende Bild ein.

T
o   f
p

P    F

A   f
p
l   e

F    E

P   f   d
e   r

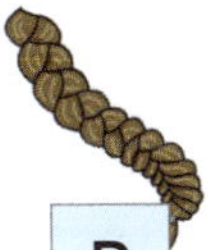

R    A

n
p   K
f   o

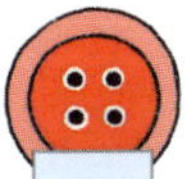

U    N

▶ Trage nun die Buchstaben von oben nach unten ein.

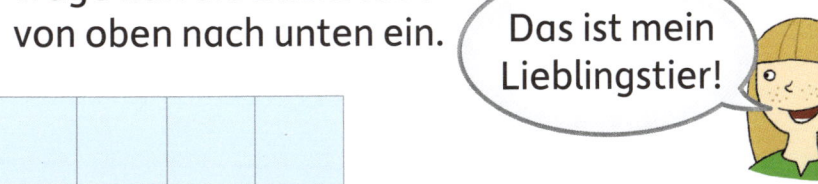

Das ist mein Lieblingstier!

39

▶ Welche Silbe passt? Verbinde richtig und schreibe das Wort darunter.

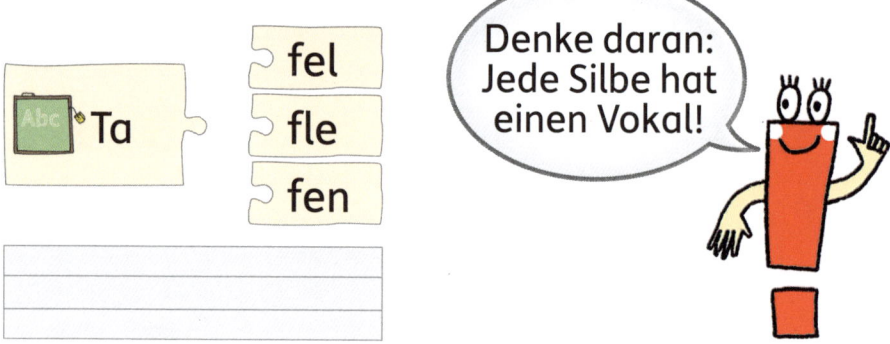

Denke daran:
Jede Silbe hat
einen Vokal!

Ta
- fel
- fle
- fen

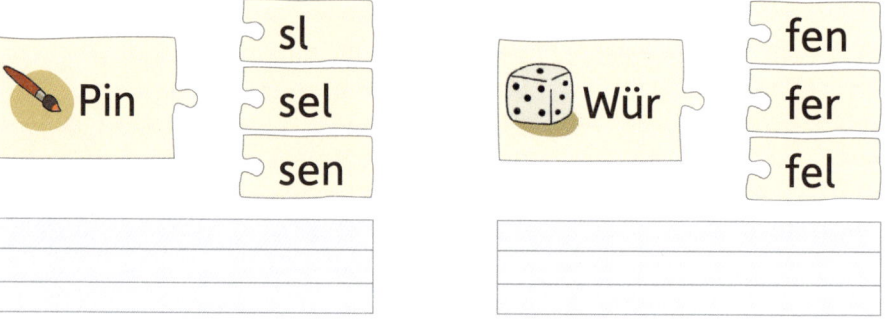

Pin
- sl
- sel
- sen

Wür
- fen
- fer
- fel

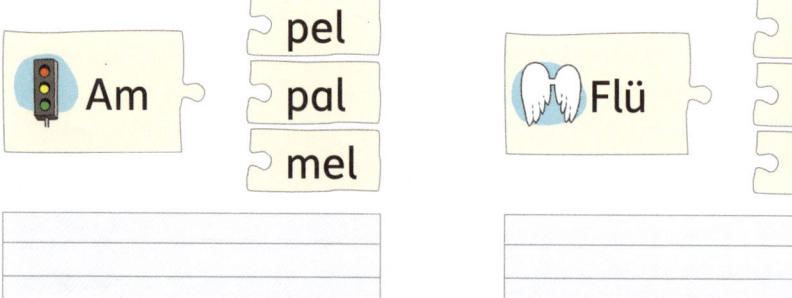

Am
- pel
- pal
- mel

Flü
- gl
- gel
- leg

▶ Trenne die Wörter in den Wörterschlangen ab und schreibe sie jeweils zu dem passenden Bild.

▶ Folge dem Weg der Ziegen zum Zoo. Male die Wörter an und schreibe den Zungenbrecher unten auf.

Zwanzig
Züge
Zoo
Zirkus
Zehn
Zahlen
zum
Zucker
Ziegen
zogen
zehn
Zentner

_____

_____

_____

_____

▶ Versuche doch mal den Zungenbrecher ganz schnell zu sprechen.

▶ Finde die Wörter zu den Bildern im Wörtergitter und male sie an. Schreibe sie dann zu den Bildern auf. Achte darauf: Alle Wörter schreibst du mit **ck**.

X	S	O	C	K	E	X	X	X	X
X	X	X	X	R	O	C	K	Z	X
X	W	E	C	K	E	R	X	X	X
X	X	S	A	C	K	X	X	X	X
X	X	S	C	H	N	E	C	K	E

Achte auf ck in den Wörtern!

▶ **St** oder **Sp**? Ergänze richtig und kreise rechts den entsprechenden Buchstaben ein.

		Sp	St
	____ift	T	S
	____inne	P	T
	____ern	E	I
	____ein	R	T
	____echt	Z	N
	____iegel	E	R

▶ Von oben nach unten gelesen ergeben die eingekreisten Buchstaben ein Lösungswort. Trage es ein.

Lösung: Du bist | | | | | | | !

▶ Male alle Felder mit **ä** gelb an. Was siehst du?

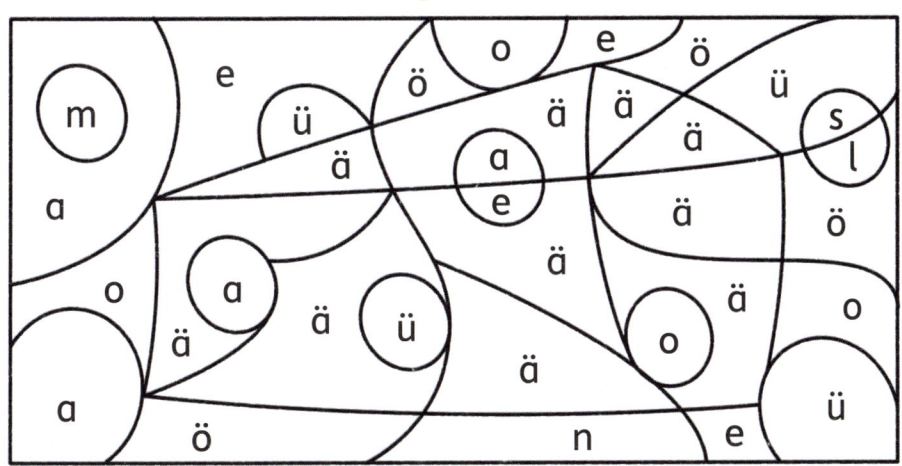

Ich sehe einen [   ] mit Löchern.

▶ Verbinde die Silben und schreibe die Wörter mit **ä**
  zu den Bildern auf.

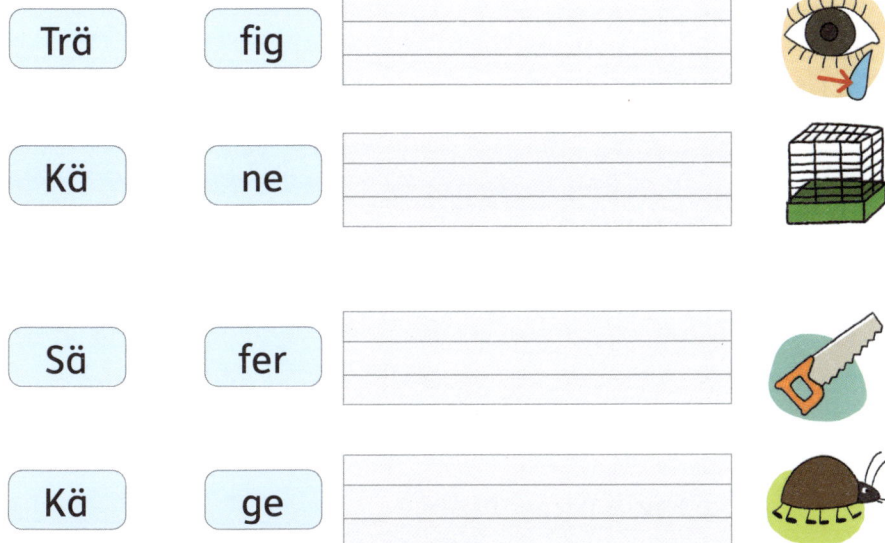

Trä	fig
Kä	ne
Sä	fer
Kä	ge

45

▶ Finde im Wörtergitter 5 Wörter mit **Qu** am Anfang.
Male sie an.

V	Q	U	A	L	M	O	P	O	L	K	Y
R	T	H	W	I	Q	U	A	D	R	A	T
S	F	G	T	Q	U	A	L	L	E	C	X
Q	U	A	R	K	V	R	J	Z	X	T	G
T	S	A	O	B	Q	U	A	T	S	C	H

▶ Schreibe die Wörter aus dem Wörtergitter
in die richtige Zeile.

Eine _____ lebt im Meer.

Aus dem Kamin kommt _____ .

Aus Milch kann man _____ machen.

Ein _____ hat vier Ecken.

Ein Clown macht viel _____ .

46

▶ Trage die Wörter mit **V** passend in das Kreuzworträtsel ein.

> VATER – VAMPIR – VASE
>
> VOGEL – VULKAN – VIER

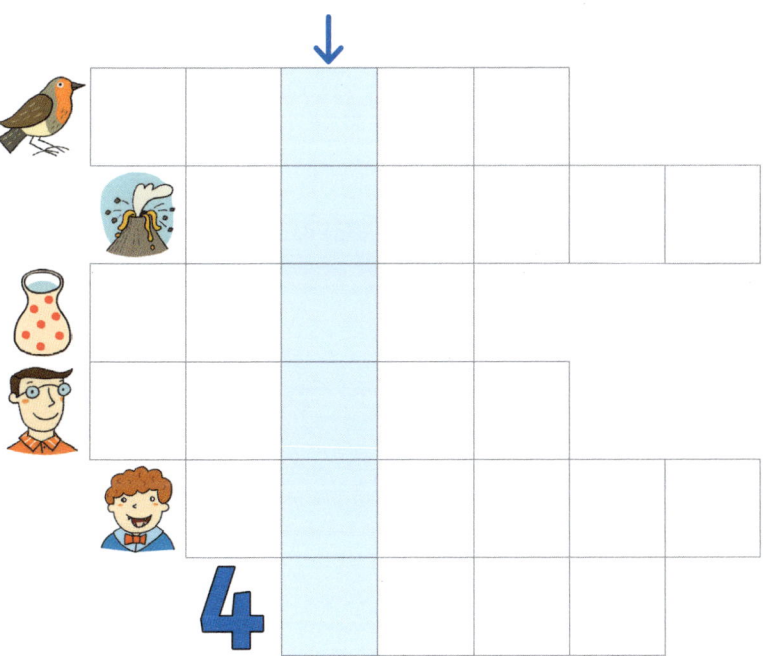

▶ Von oben nach unten kannst du im blauen Feld den Namen des Jungen lesen. Trage ein.

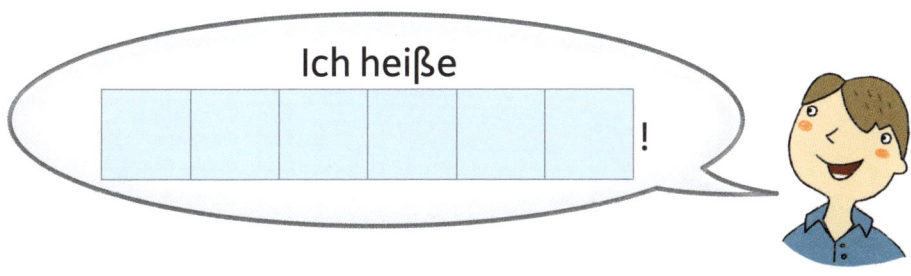

Ich heiße

!

▶ Kreise alle **X/x** blau ein. Was siehst du?

▶ Die Wörter mit **x** sind spiegelverkehrt. Schreibe sie richtig daneben und verbinde sie dann mit dem richtigen Bild.

ꓕxA	

ǝxǝH	

ixɒT	

ɹǝxiM	

▶ Löse das Kreuzworträtsel. Alle Wörter schreibst
du mit **G** oder **K** am Anfang. In den blauen Kästen
ergibt sich von oben nach unten gelesen ein
Lösungswort.

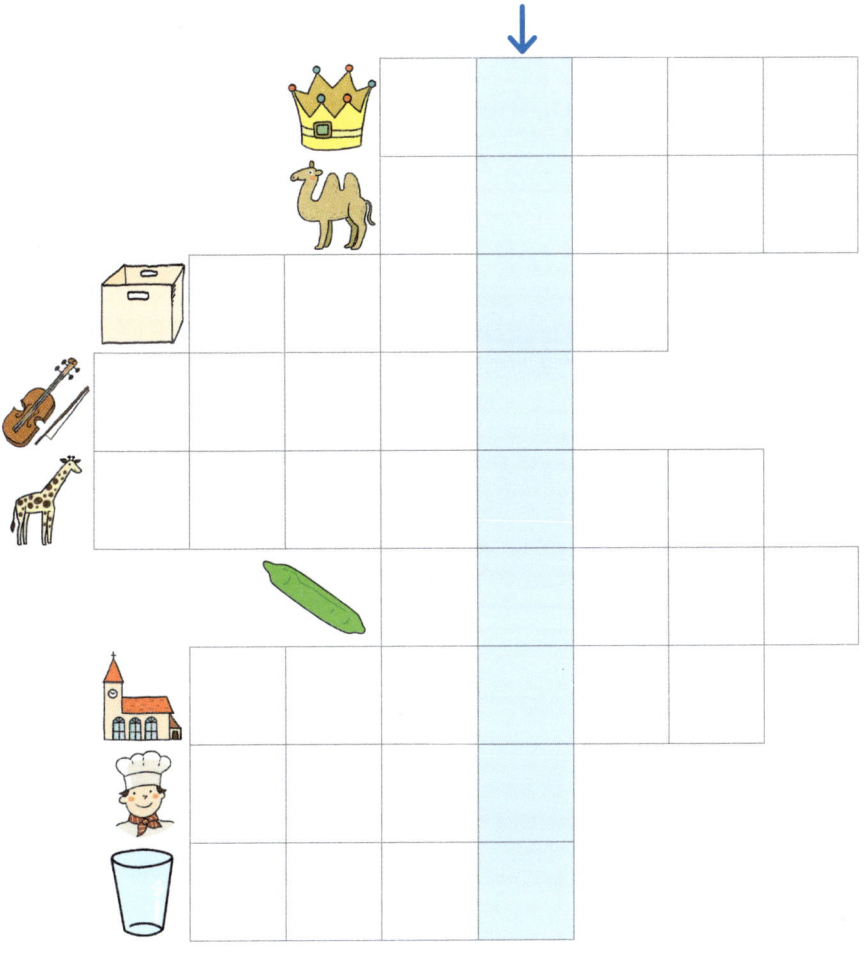

Lösung:

Du bist ein [ ][ ][ ][ ][ ][ ][ ][ ][ ] !

▶ Im Text fehlt die Endung -**er** bei den Wörtern.
Lies den Text und setze die Endung richtig ein.

Zu Tinas Familie gehören ihre Mutt   Rosi, ihr

Vat   Tom, ihr Brud   Lukas und ihre kleine

Schwest   Julia. Alle drei Kind   haben

ein eigenes Zimm   . Tinas Zimm   hat ein

großes Fenst   . An ihren Wänden hängen viele

Bild   . In einem Schrank hat sie ihre Kleid   ,

Hosen und Pullov   . Hint   der Tür steht ihr

rot   Roll   . Mit ihm fährt sie jeden Tag in

die Schule.

▶ Schreibe nun die Wörter zu den Bildern richtig aus
dem Text ab.

▶ Hier hat Tinti gekleckst. Ergänze die richtige Endung: **en** oder **el**?

Ins   Of

Bes   Gab   Ig

Apf   Wag   Aug

▶ Schreibe die Wörter in den richtigen Turm.

-en   -el

▶ Folge den Linien mit bunten Farben. Schreibe am Ende jeweils die Mehrzahl des Wortes auf die Zeile. Achte darauf: Aus **A/a** wird **Ä/ä**.

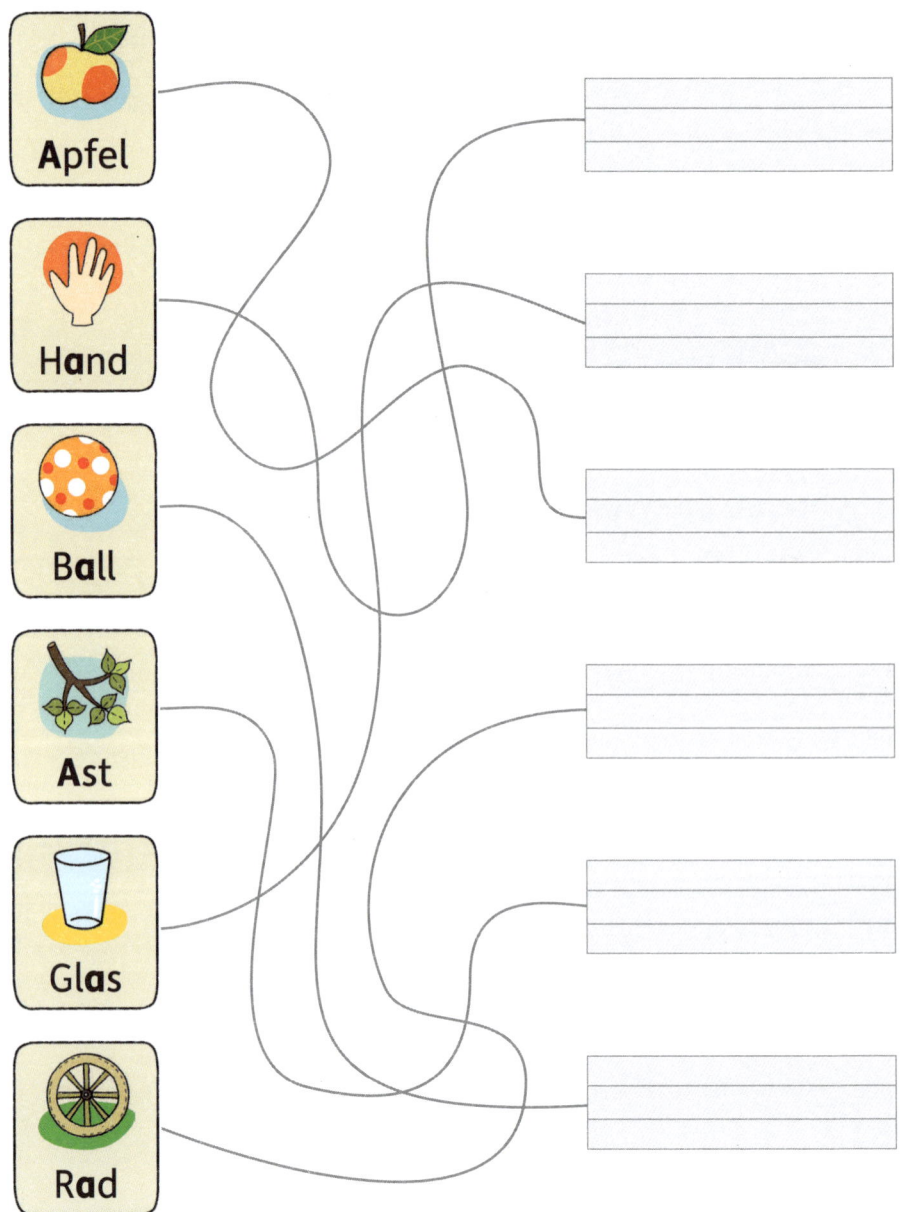

▶ Folge den Wegen und sammle die Buchstaben ein. Schreibe am Ende die Wörter auf.

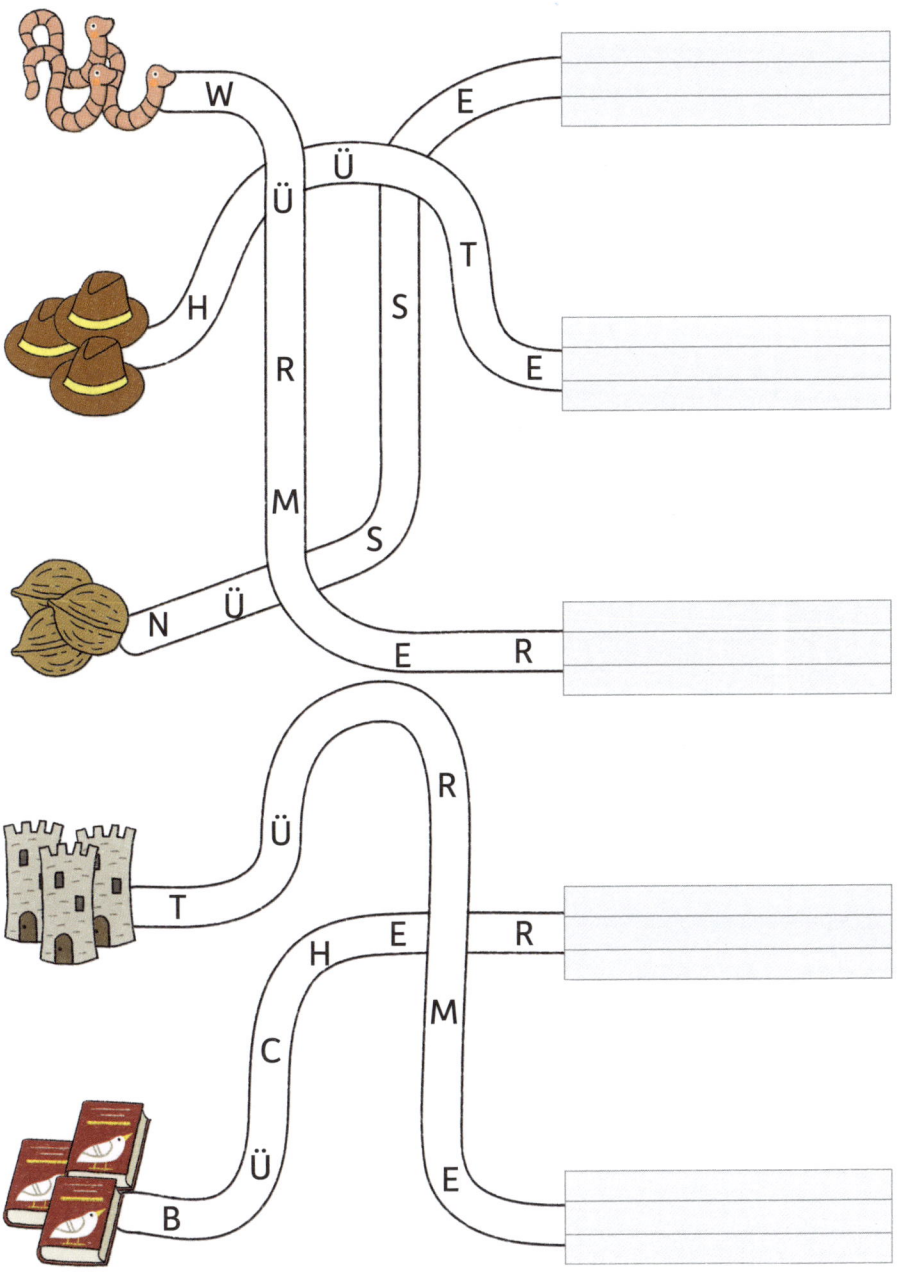

▶ In den Sand sind Wörter mit **ö** und **ü** gespurt.
Fahre sie mit deinem Stift nach.

Würfel

Fünf

Flöte

Löwe

Tür

Zwölf

▶ Schreibe nun die Wörter von oben zu dem
jeweiligen Bild.

▶ Schreibe in die Kästchen alle Buchstaben, die du in dem Bild finden kannst.

▶ Schreibe nun mindestens fünf Wörter auf, die du mit den Buchstaben bilden kannst. Du kannst jeden Buchstaben mehrmals verwenden. Was ist dein längstes Wort?

▶ Hier sind die Silben durcheinandergeraten.
   Schreibe die Wörter richtig auf.

▶ Was haben alle Wörter gemeinsam?

▶ Ergänze die fettgedruckten Nomen
im zweiten Satz in der Mehrzahl.

Aus **o** wird **ö**:
ein W**o**lf →
viele W**ö**lfe

Ein **Koch** hat einen **Topf**.

Viele _____ haben viele _____ .

Ein **Vogel** singt einen **Ton**.

Viele _____ singen viele _____ .

Ein **Storch** fängt einen **Frosch**.

Viele _____ fangen viele _____ .

Ein **Rock** hat einen **Knopf**.

Viele _____ haben viele _____ .

▶ In jeder Zeile →, in jeder Spalte ↓ und in jedem
4er-Feld ▦ gibt es jedes Wort nur genau einmal.

Kanne		**Tanne**	**Pfanne**
	Pfanne		
Wanne	**Kanne**	**Pfanne**	
		Wanne	**Kanne**

Land		**Wand**	**Hand**
Wand	**Hand**		
	Land	**Hand**	
		Sand	**Land**

Löse zuerst die Zeilen
oder Spalten, in denen nur
ein Wort fehlt!

▶ Wer mag was? Kreise immer jeden zweiten Buchstaben ein. Schreibe das Wort in die Lücke.

T S u o k m p m w e n r

Ich liebe den _____ .

M W h a f s t s m e l r

Ich trinke gerne _____ .

K B l u e t v t o e n r

Ich esse gerne _____ .

E A u f k f l e w n

Meine Lieblingstiere sind _____ .

R B o a n g m g l e h r

Ich liebe meinen _____ .

▶ Verbinde die Silben passend zu den Bildern unten.

Ker

Bir

Gur

Gar

ne

ten

ze

ke

▶ Schreibe nun die Wörter zum passenden Bild.
  Achte auf das r!

▶ In jeder Zeile ist ein Wort mit **y** am Ende versteckt.
Male es an.

Am Ende
eines Wortes
sprichst du **y**
wie **i** aus!

▶ Schreibe die Wörter aus dem Wörtergitter
passend in die Lücken der Sätze.

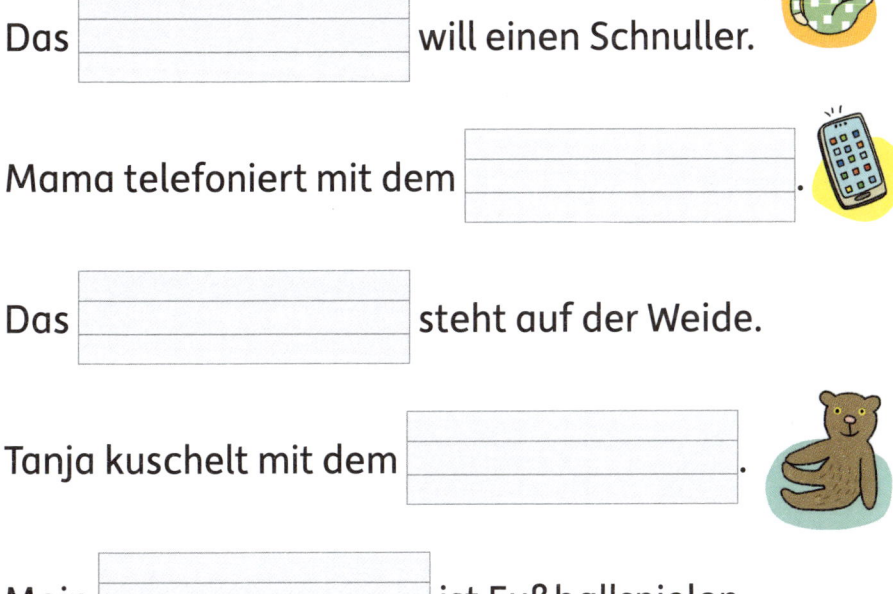

Das _____ will einen Schnuller.

Mama telefoniert mit dem _____.

Das _____ steht auf der Weide.

Tanja kuschelt mit dem _____.

Mein _____ ist Fußballspielen.

61

► Jeweils zwei Reimwörter sind hier versteckt.
  Schreibe sie daneben.

▶ Bilde Sätze mit Hilfe der Wörter und Bilder.

Verändere die Verben und denke an den Punkt!

Pia | malen

Max | bauen

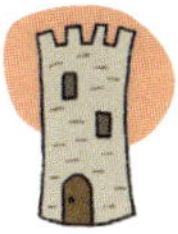

Salim | kaufen

Azra | finden

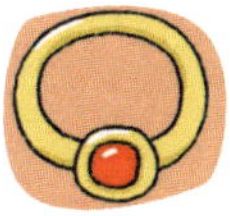

▶ Fahre das **ß** 10-mal mit bunten Stiften nach.

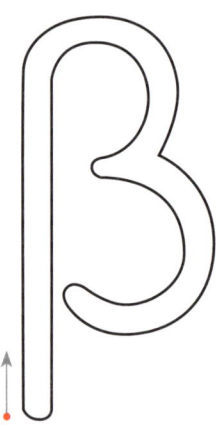

▶ Male Felder mit **ß gelb** aus, Felder mit **s rot**.

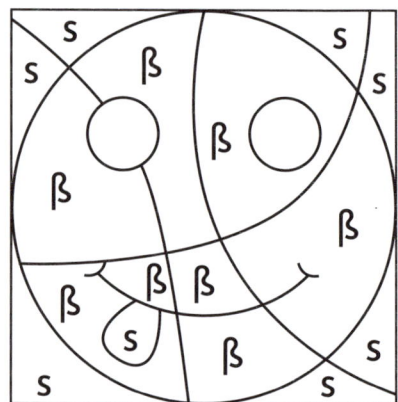

▶ Ergänze **ß** in den Wörtern und schreibe sie nochmals darunter.

Stra__e

wei__

Fü__e

gro__

► Wie sind die Dinge? Schreibe immer das passende Adjektive (Wiewort) in die Lücken.

weich – rund – sauer – spitz – schnell – hoch

 Das Motorrad ist _____.

 Die Nadel ist _____.

 Die Zitrone ist _____.

 Das Kissen ist _____.

 Der Turm ist _____.

 Der Ball ist _____.

▶ Was tun die Kinder? Schreibe die Purzel- wörter richtig auf.

Verben schreibst du klein!

d   e
  n
a   b

t i
    k
r n
  e n

e s h
c f
l a n

e l
  e
s n

a e
  f
l u n

e r i
t e n

▶ Tim hat Tina eine geheime Botschaft geschrieben. Kannst du sie lesen? Streiche Buchstaben, die zu viel sind, durch und schreibe den Satz richtig auf.

WIRI TREKFFELN UNAS UME

NEUNI BEIL DEIR BAUNK ILM PALRAK.

▶ Wo treffen sich Tim und Tina? Kreuze an.

▶ Kreise alle Zettel mit Nomen (Namenwörtern) ein. Schreibe sie dann richtig auf. Achte am Anfang auf den Großbuchstaben.

Oma,

▸ Schreibe die Nomen in der Einzahl und in der Mehrzahl auf.

	Einzahl		Mehrzahl
	ein **Fisch**	viele	**Fische**
	eine	viele	
	ein	viele	
	ein	viele	
	ein	viele	
	ein	viele	
	ein	viele	

▶ Setze die Reimwörter passend in die Sätze ein.

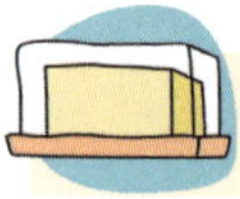

Butter – Mutter

Am Abend stellt meine

auf den Tisch die kalte .

Tasse – Kasse

Ich kaufe eine schöne

und bezahle diese an der .

Puppe – Suppe

Ich spiele mit meiner ,

wir kochen heute leckere .

70

▶ Mit dieser Maschine kannst du zusammengesetzte Nomen bilden. Schreibe sie auf.

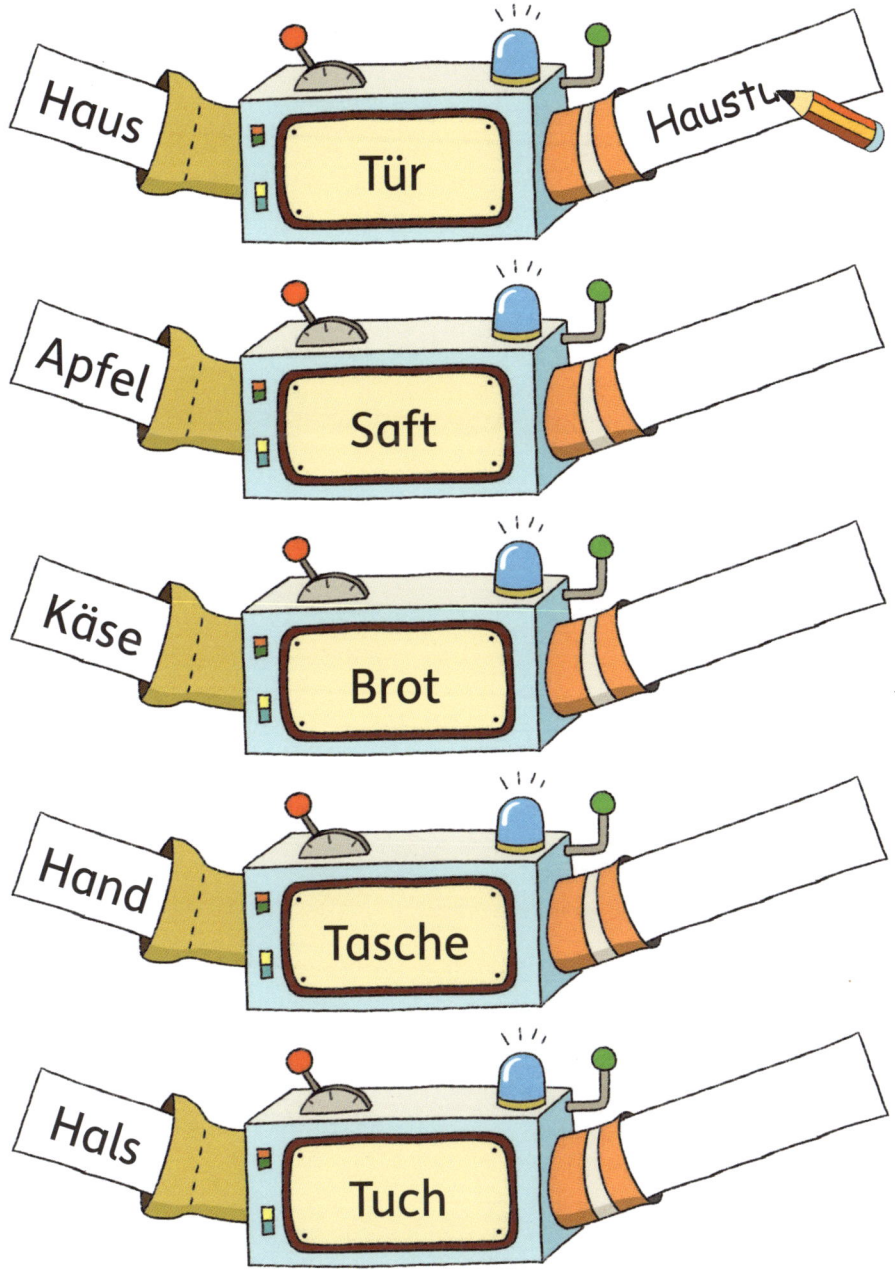

▶ In welchem Zug fahren die Wörter mit? Ordne sie den passenden Artikeln **der**, **die** oder **das** zu.

Tiger – Auto – Hose – Pferd – Ball – Maus

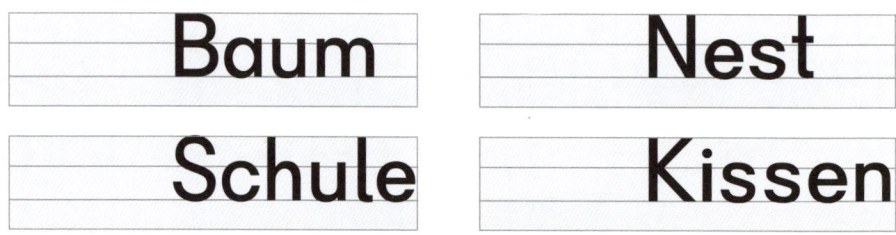

der

die

das

▶ Setze ein: **der**, **die** oder **das**?

Baum

Nest

Schule

Kissen

▶ Male die zusammengehörenden Silben mit gleicher Farbe an. Schreibe mit Hilfe der Silben die Wörter richtig neben die Bilder.

Fle   gen   maus

Re   der   tel

Os   beu   ei

Turn   ter   schirm

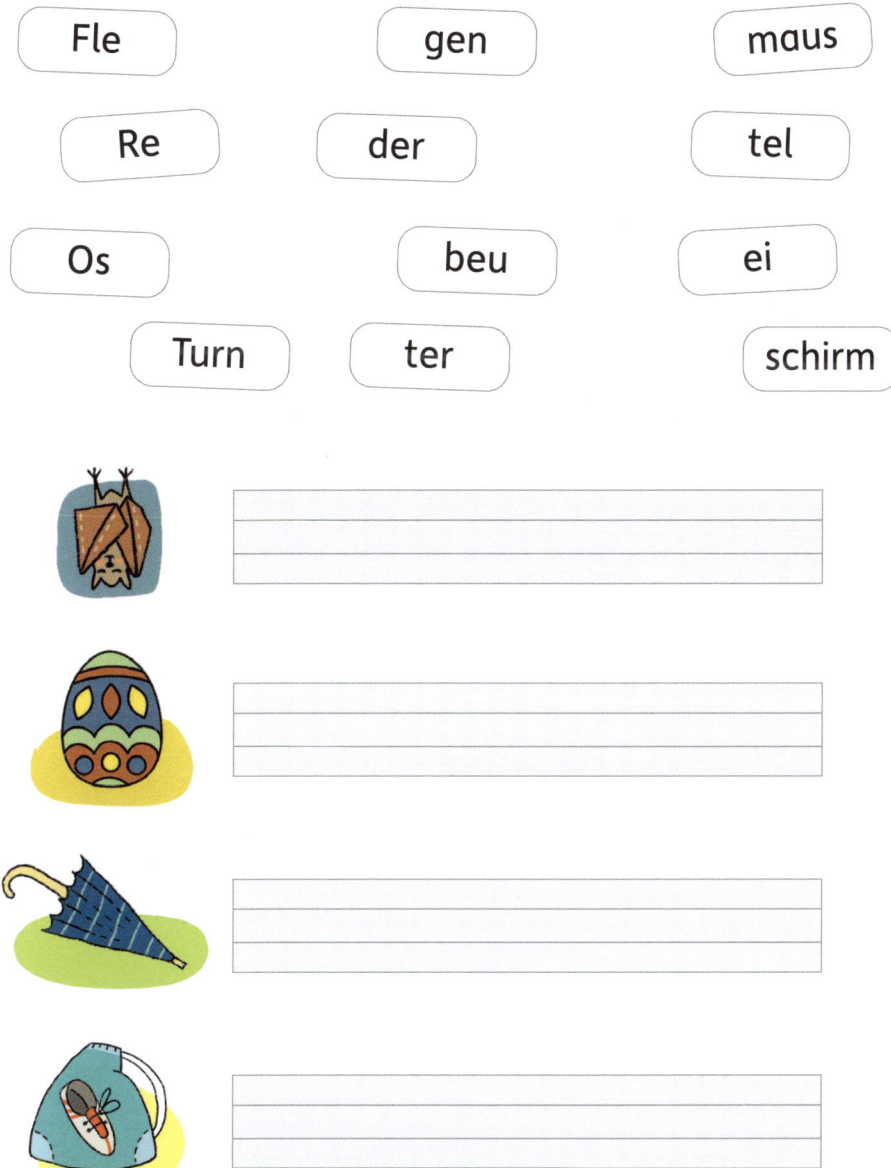

73

► Immer ein Wort und ein Bild gehören zusammen und bilden ein neues Nomen. Verbinde die passenden Puzzleteile und schreibe das Wort auf.

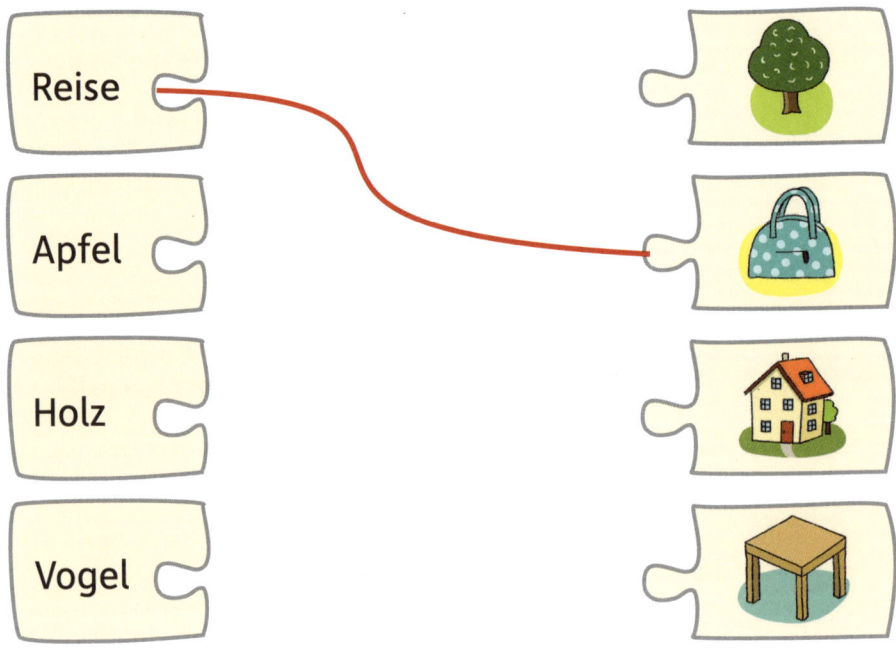

Reise
Apfel
Holz
Vogel

Reisetasche

▶ Ergänze die Lücken richtig. Setze **uh** oder **ah** ein.
Schreibe das Wort daneben nochmals richtig auf.
Achte auf das h, das du nicht hörst!

Sch_____

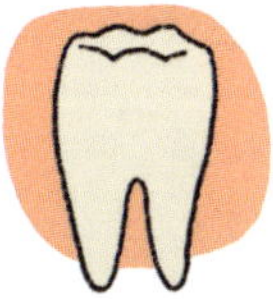

Z_____n

St_____l

F_____ne

K_____

B_____n

H_____n

▶ Setze richtig in die Wörter ein: **ei** oder **ie**? Verbinde jedes Wort mit dem richtigen Bild.

¹ Br____f

² Zw____bel

³ St____n

⁴ Z____ge

⁵ Schw____n

⁶ L____ter

⁷ S____fe

⁸ Fl____ge

ie

e

s

s

R

R

e

ei

▶ Trage nun die Buchstaben entsprechend ein.

| Der | 1 | 2 | 3 | 4 | macht eine | 5 | 6 | 7 | 8 | . |

▶ Verbinde die Puzzleteile richtig miteinander.

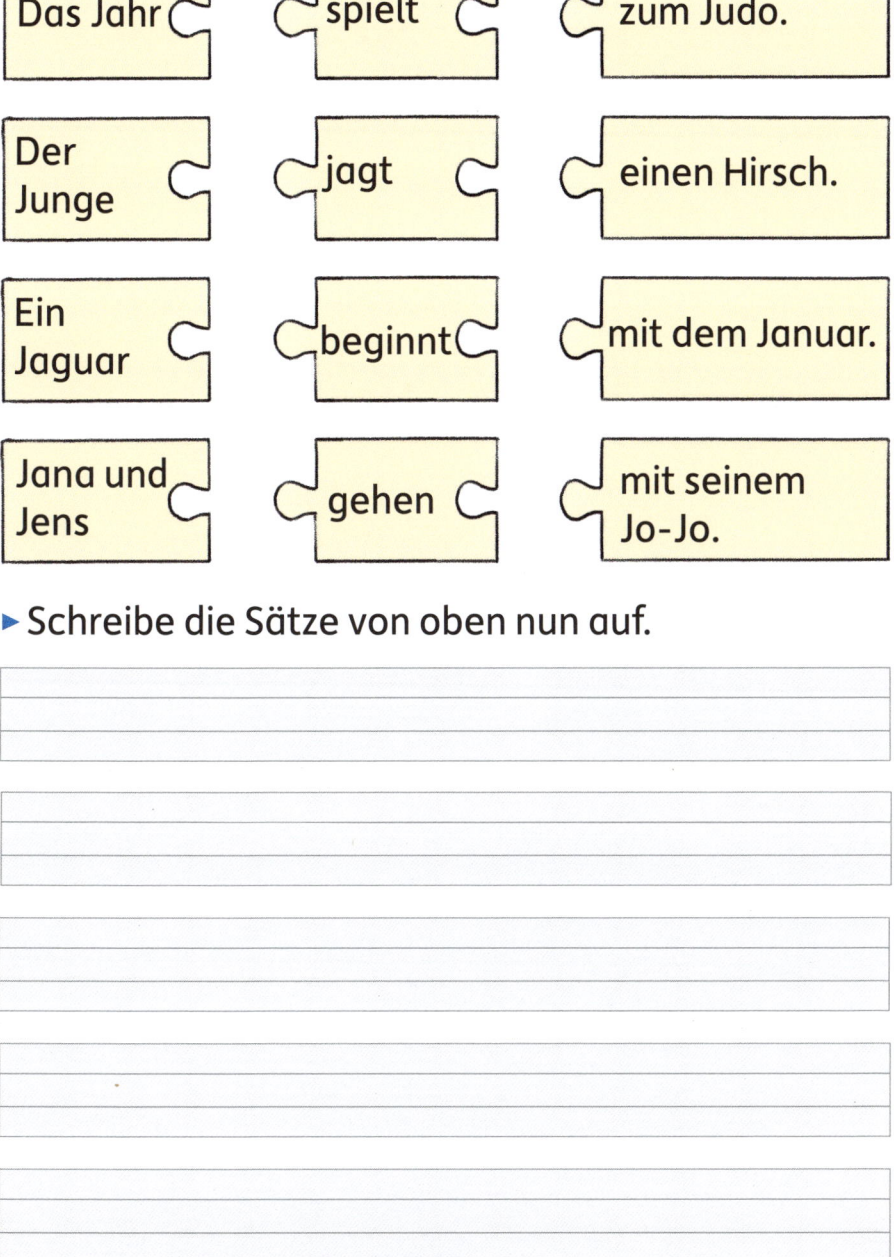

Das Jahr	spielt	zum Judo.
Der Junge	jagt	einen Hirsch.
Ein Jaguar	beginnt	mit dem Januar.
Jana und Jens	gehen	mit seinem Jo-Jo.

▶ Schreibe die Sätze von oben nun auf.

▶ Würfelsätze: Würfle zweimal und bilde so lustige Sätze. Schreibe drei Sätze unten auf.

Die Eule — fängt eine Maus.

Der Frosch — quakt am Teich.

Der Hund — bellt laut.

Das Pferd — frisst Heu.

Die Biene — summt ein Lied.

Der Affe — findet eine Banane.

► Kannst du den geheimen Brief von Papa lesen?
Jedes Zeichen steht für einen Buchstaben.

A	B	D	E	G	H	I	K

L	M	N	O	P	S	T	U

_____ _____ _____ _____ _____   _____ _____ _____ ,

_____ _____ _____ _____   _____ _____ _____

_____ _____ _____ _____ _____   _____ _____ _____

_____ _____ _____ _____   _____ _____ _____ _____ _____ .

_____ _____ _____   _____ _____ _____ _____

_____ _____ _____ _____

▶ Die Sätze sind durcheinandergeraten. Schreibe sie richtig auf.

Das in lebt Tier Afrika.

Sein ist Fell gestreift.

Pferd. Es ist ein

▶ Welches Tier ist gesucht? Schreibe die Lösung auf.

Das gesuchte Tier ist ein _____ .

▶ Was steht auf der Ritterfahne? Löse das Kreuzworträtsel, dann findest du es heraus.

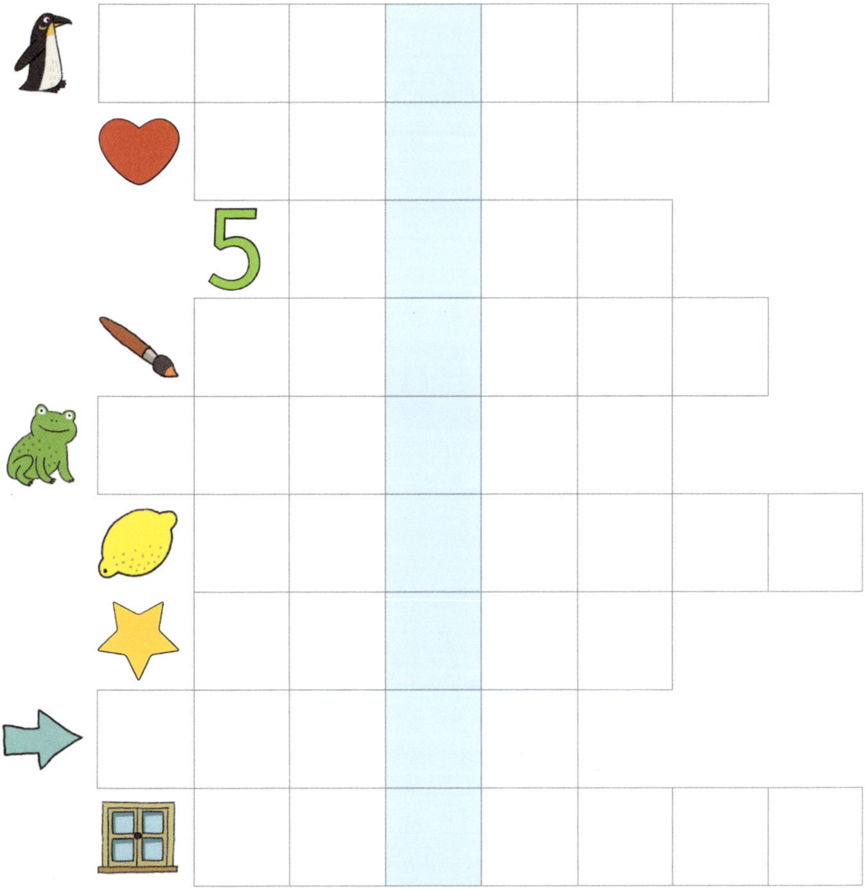

▶ Schreibe das Lösungswort auf die Fahne.

Burg

▶ Trenne die Wörter mit Strichen ab. Schreibe sie dann auf die Zeile darunter.

MariaspieltimSand.

Benwirftden Ball.

DerBalltrifftMariaamKopf.

BentröstetMaria.

▶ Der Text von oben steht unten noch einmal. Doch in jedem Satz hat sich ein Fehler eingeschlichen. Streiche die Fehler durch und schreibe die verbesserten Wörter darüber.

Heute ist ein wunderschöner Tag.
Mia und Paul gehen auf den Spielplatz.
Dort gibt es eine große Rutsche.
Die beiden rutschen die ganze Zeit.
Später essen sie noch ein Eis.

Heute

~~Leute~~ ist ein wunderschöner Tag.

Mia und Paul geben auf den Spielplatz.

Dort gibt es eine graue Rutsche.

Die beiden rutschen die ganze Zelt.

Später eisen sie noch ein Eis.

▶ Beschreibe dich selbst. Ergänze die Lücken passend.

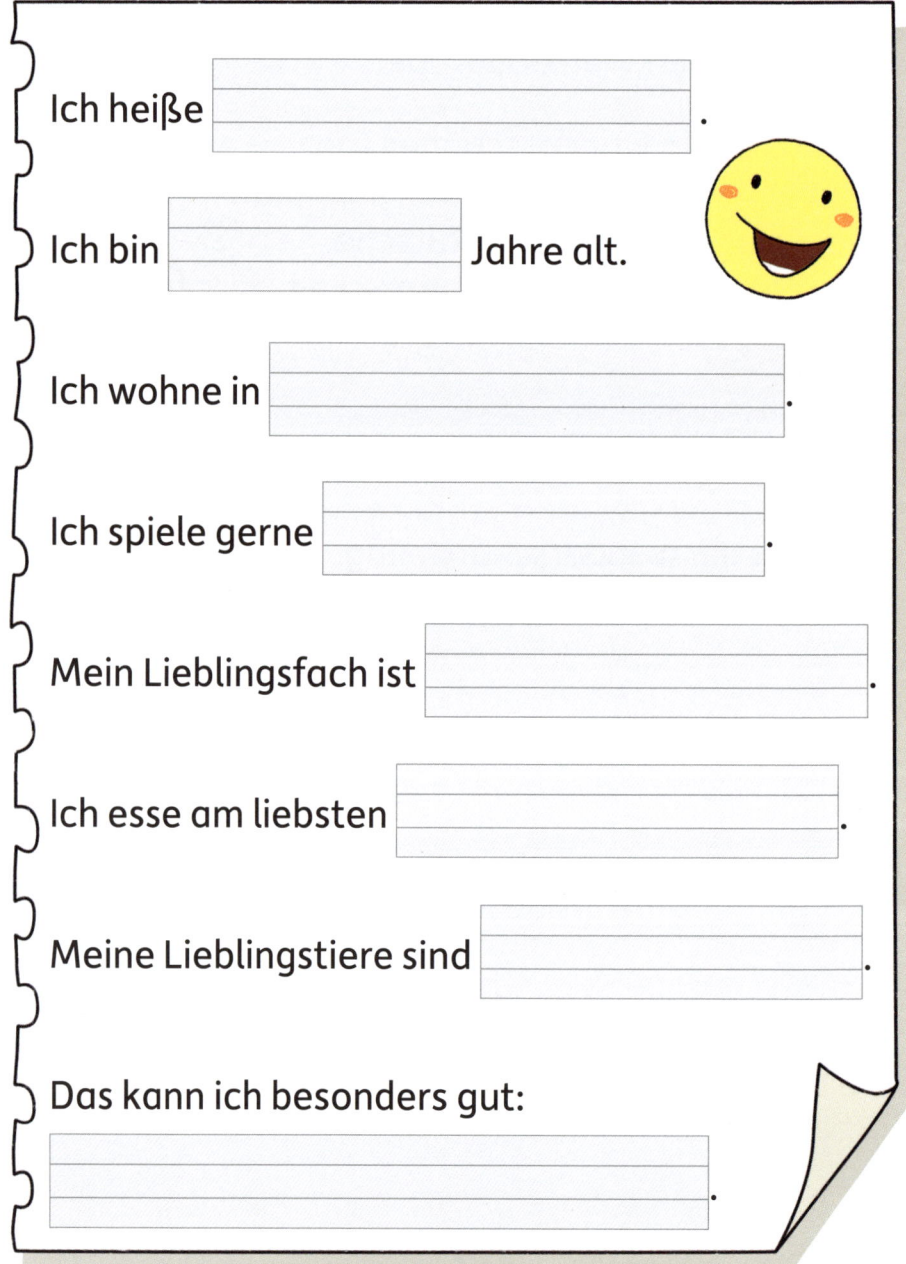

Ich heiße _____ .

Ich bin _____ Jahre alt.

Ich wohne in _____ .

Ich spiele gerne _____ .

Mein Lieblingsfach ist _____ .

Ich esse am liebsten _____ .

Meine Lieblingstiere sind _____ .

Das kann ich besonders gut:

_____ .

▸ Es gibt mehrere Möglichkeiten, wie du mit dem Würfel unten üben kannst:

1. Du würfelst und versuchst so viele Wörter wie möglich mit den gewürfelten Buchstaben aufzuschreiben.

2. Du überlegst dir vorher eine Gruppe (zum Beispiel Tiere, Pflanzen, Namen, Berufe, Essen ...). Nun würfelst du und versuchst möglichst viele Wörter mit den gewürfelten Buchstaben zu finden, die zu dieser Gruppe gehören.

3. Natürlich könnt ihr das Spiel auch mit mehreren Kindern spielen. Wer findet die meisten Wörter innerhalb einer Minute?

▸ an der Außenlinie ausschneiden
▸ alle schwarzen Linien genau falten
▸ Laschen unterschieben und festkleben

Seite 1

Seite 2

W E I T E R   S O !

Seite 3

Seite 4

Seite 5

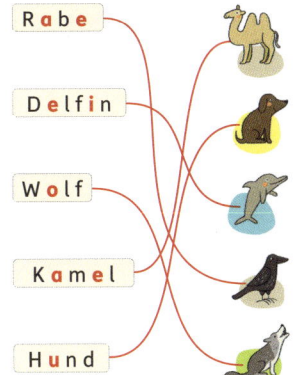

Seite 6

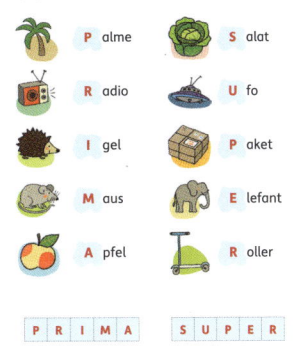

Seite 7

Tomate
Zitrone
Krokodil
Paprika
Pinguin
Lastwagen
Banane
Melone
Polizist
Kalender

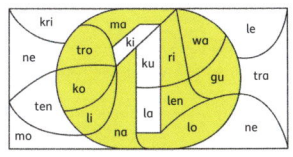

Seite 8

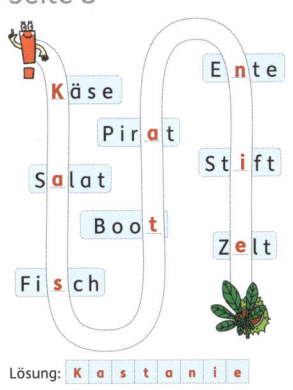

Käse
Ente
Pirat
Salat
Stift
Boot
Fisch
Zelt

Lösung: K a s t a n i e

Seite 9

Pilz
Ofen
Sofa
Tisch
Kamel
Apfel
Rose
Tafel
Esel

Lösungswort: P O S T K A R T E

Seite 10

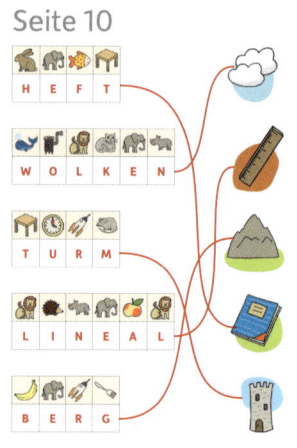

H E F T

W O L K E N

T U R M

L I N E A L

B E R G

Seite 11

S O M F A
Sofa

W R O L F
Wolf

A L A M A
Lama

B R O G T
Brot

Seite 12

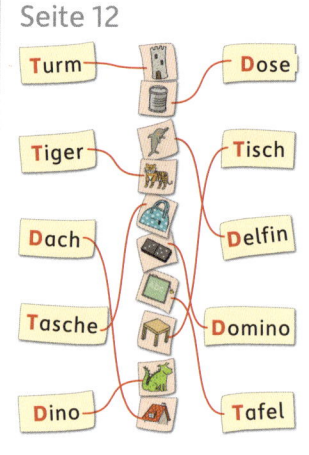

Turm — Dose
Tiger — Tisch
Dach — Delfin
Tasche — Domino
Dino — Tafel

Seite 13

Seite 15

D E L F I N

K A M E L

T I G E R

S E E H U N D

Z E B R A

Seite 16

K I W I

A N A N A S

B I R N E

B A N A N E

M E L O N E

A P F E L

O BSTS A L A T M I T S A HN E

Seite 17

E e n t
Ente

t a P e k
Paket

l e u B m
Blume

a s t u k K
Kaktus

Seite 18

D O S E

B U S

H O S E

R A B E

H U T

T O R

I G E L

S A L A T

D U B I S T G U T !

Seite 19

W A L

H A S E

Z E L T

N E S T

A N A N A S

W O L K E

T E L E F O N

W E L T A L L

88

Seite 20

 Nest

N	e	**s**	t
s	t	e	N
t	**s**	N	e
e	**N**	t	s

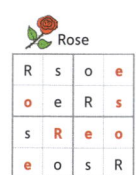 Rose

R	s	o	**e**
o	e	**R**	**s**
s	**R**	**e**	o
e	o	s	R

Hund

n	**u**	**d**	H
d	H	n	u
H	d	**u**	**n**
u	n	**H**	d

Seite 21

Leon   Gabi

Nora   Tim

Luis   Julia

Seite 22

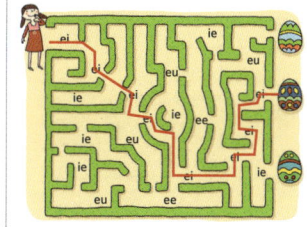

🍦 Eis   🦵 Bein

🪜 Leiter   🪣 Eimer

➡️ Pfeil   🧼 Seife

Seite 23

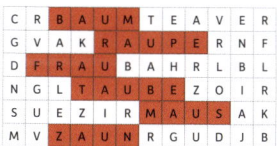

C	R	B	A	U	M	T	E	A	V	E	R
G	V	A	K	R	A	U	P	E	R	N	F
D	F	R	A	U	B	A	H	R	L	B	L
N	G	L	T	A	U	B	E	Z	O	I	R
S	U	E	Z	I	R	M	A	U	S	A	K
M	V	Z	A	U	N	R	G	U	D	J	B

Baum   Taube   Maus

Zaun   Frau   Raupe

Seite 24

🪵 **drei** Zäune

🐭 drei Mäuse

🌳 zwei Bäume

🏠 zwei Häuser

Seite 25

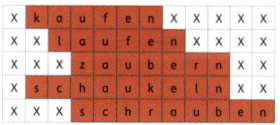

X	k	a	u	f	e	n	X	X	X	X	X
X	X	l	a	u	f	e	n	X	X	X	X
X	X	X	z	a	u	b	e	r	n	X	X
X	s	c	h	a	u	k	e	l	n	X	X
X	X	X	s	c	h	r	a	u	b	e	n

🖥️ kaufen

🛝 schaukeln

🏃 laufen

🔧 schrauben

🧙 zaubern

Seite 26

B	**P**
Buch	Paket
Bank	Papagei
Baum	Pilz
Banane	Polizist

Seite 27

	ro	Euro
Eu	le	Eule

F	er	Feuer
B eu	le	Beule

n	n	neun
B eu	te	Beute

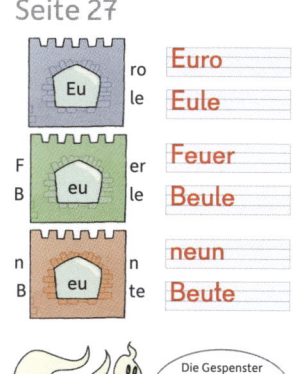

Die Gespenster **heu**len **heu**te und erschrecken viele L**eu**te!

Seite 28

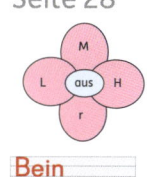

Maus
Haus
raus
Laus

Bein
Schwein
klein
Stein

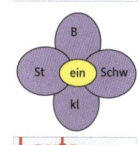

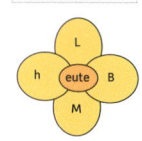

Leute
Beute
Meute
heute

Seite 29

Z	U	N	G	E
Z	A	N	G	E

H	U	N	D
H	A	N	D

P	A	P	P	E
P	U	P	P	E

H	A	S	E
H	O	S	E

N	U	D	E	L
N	A	D	E	L

B	A	C	H
B	U	C	H

P	E	L	Z
P	I	L	Z

M	U	N	D
M	O	N	D

B	U	R	G
B	E	R	G

Seite 30

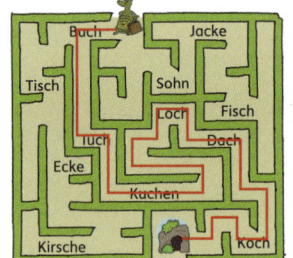

Buch, Tuch, Kuchen, Loch, Dach, Koch

Seite 31

Wurst

Note

Mond

Nagel

Winter

Mund

Seite 32

Schaufel

Seite 33

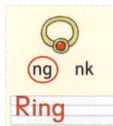
(ng) nk
Ring

ng (nk)
Bank

(ng) nk
Pinguin

(ng) nk
Schlange

ng (nk)
Geschenk

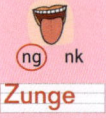
(ng) nk
Zunge

Seite 34

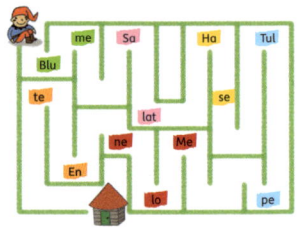

Blume, Salat, Hase, Tulpe, Melone, Ente

Seite 35

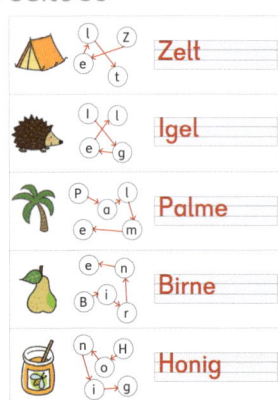

Zelt

Igel

Palme

Birne

Honig

Seite 36

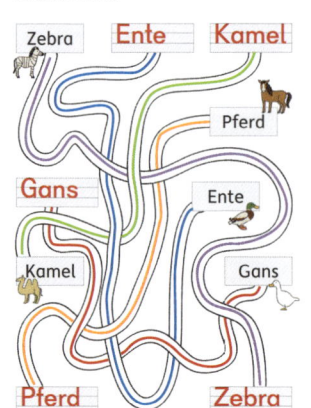

Ente   Kamel   Gans   Kamel   Pferd   Ente   Gans   Pferd   Zebra

Seite 37

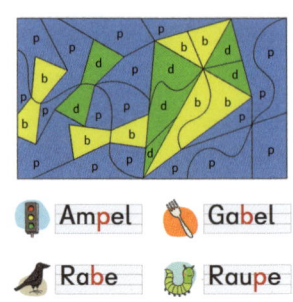

 Ampel   **Gabel**

Rabe   **Raupe**

Nadel   **Feder**

90

Seite 38

 **Tisch**
 **Fisch**

 **Rose**
Hose

 **Turm** | **Hase**
Wurm | **Nase**

 **Maus** | **Hund**
Haus | **Mund**

Seite 39

T o f **Topf**  Ⓟ F

A f p l e **Apfel** Ⓕ E

P f e r d **Pferd** R Ⓐ

p K n f o **Knopf** Ⓤ N

Das ist mein Lieblingstier!

P F A U

Seite 40

Ta — fel / fle / fen
Tafel

Pin — sl / sel / sen
Pinsel

Wür — fen / fer / fel
Würfel

Am — pel / pal / mel
Ampel

Flü — gl / gel / leg
Flügel

Seite 41

Zitrone Zwerg Zelt Zebra

 **Zitrone**   **Zwerg**

Zelt   **Zebra**

Katze Mütze Blitz Schatz

Blitz   **Schatz**

Katze   **Mütze**

Seite 42

Zwanzig, Blitz, Zoo, Zirkus, Zehn, Ziegen, Zahlen, zogen, zehn, Zentner, Zucker, zum

Zehn Ziegen zogen zehn Zentner Zucker zum Zoo.

Seite 43

X	S	O	C	K	E	X	X	X	X
X	X	X	X	R	O	C	K	Z	X
X	W	E	C	K	E	R	X	X	X
X	X	S	A	C	K	X	X	X	X
X	X	S	C	H	N	E	C	K	E

Wecker

Sack

Socke

Schnecke

Rock

Seite 44

	Sp	St
Stift	T	Ⓢ
Spinne	Ⓟ	T
Stern	E	Ⓘ
Stein	R	Ⓣ
Specht	Ⓩ	N
Spiegel	Ⓔ	R

Lösung: Du bist S P I T Z E !

Seite 45

Ich sehe einen **Käse** mit Löchern.

Trä — fig
Kä — ne   **Träne**
   Käfig

Sä — fer
Kä — ge   **Säge**
   Käfer

Seite 46

V	Q	U	A	L	M	O	P	O	L	K	Y
R	T	H	W	I	Q	U	A	D	R	A	T
S	F	G	T	Q	U	A	L	L	E	C	X
Q	U	A	R	K	V	R	J	Z	X	T	G
T	S	A	O	B	Q	U	A	T	S	C	H

Eine **Qualle** lebt im Meer.

Aus dem Kamin kommt **Qualm** .

Aus Milch kann man **Quark** machen.

Ein **Quadrat** hat vier Ecken.

Ein Clown macht viel **Quatsch** .

Seite 47

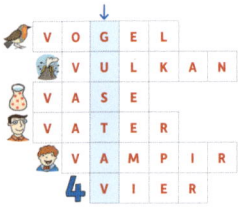

	V	O	G	E	L	
	V	U	L	K	A	N
	V	A	S	E		
	V	A	T	E	R	
	V	A	M	P	I	R
4	V	I	E	R		

Ich heiße

G U S T A V !

Seite 48

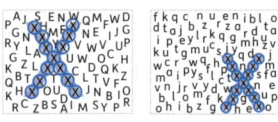

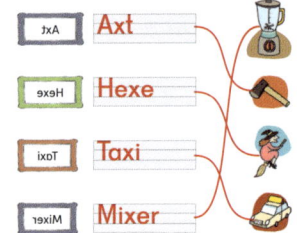

Axt

Hexe

Taxi

Mixer

Seite 49

		K	R	O	N	E	
		K	A	M	E	L	
	K	I	S	T	E		
	G	E	I	G	E		
	G	I	R	A	F	F	E
			G	U	R	K	E
	K	I	R	C	H	E	
	K	O	C	H			
	G	L	A	S			

Du bist ein R A T E F U C H S !

Seite 50

Zu Tinas Familie gehören ihre Mutter Rosi, ihr Vater Tom, ihr Bruder Lukas und ihre kleine Schwester Julia. Alle drei Kinder haben ein eigenes Zimmer. Tinas Zimmer hat ein großes Fenster. An ihren Wänden hängen viele Bilder. In einem Schrank hat sie ihre Kleider, Hosen und Pullover. Hinter der Tür steht ihr roter Roller. Mit ihm fährt sie jeden Tag in die Schule.

 Kinder   Fenster

 Roller  Pullover

Seite 51

Ins**el**   Of**en**

Bes**en**   Gab**el**   Ig**el**

Apf**el**   Wag**en**   Aug**en**

-en	-el
Ofen	Insel
Besen	Gabel
Wagen	Igel
Augen	Apfel

Seite 52

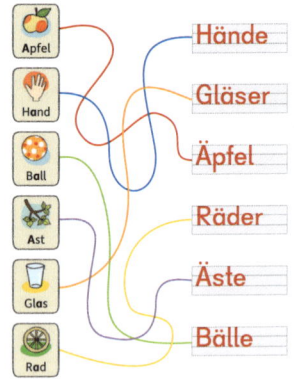

Apfel — Hände
Hand — Gläser
Ball — Äpfel
Ast — Räder
Glas — Äste
Rad — Bälle

Seite 53

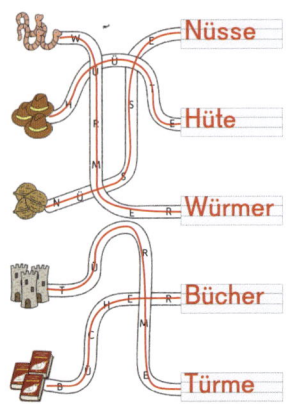

Nüsse

Hüte

Würmer

Bücher

Türme

Seite 54

Würfel
Flöte
Fünf
Löwe
Tür
Zwölf

Würfel   Flöte

Löwe   5 Fünf

Tür   12 Zwölf

Seite 55

M E I L N A O S R B T

Hier ein paar Beispiele. Sicherlich hast auch du tolle Wörter gefunden.

Brot, Rose, Oma, Eis,

Lama, Esel, leise, Ei,

Nase, leben, Los, im,

Seite, Salat, am, Mama

Seite 56

se Sei fen bla → **Seifenblase**

Se boot gel → **Segelboot**

Sa brot mi la → **Salamibrot**

kas Sand ten → **Sandkasten**

gur lat Sa ke → **Salatgurke**

Sie beginnen alle mit S.

Seite 57

Ein **Koch** hat einen **Topf**.
Viele **Köche** haben viele **Töpfe**.

Ein **Vogel** singt einen **Ton**.
Viele **Vögel** singen viele **Töne**.

Ein **Storch** fängt einen **Frosch**.
Viele **Störche** fangen viele **Frösche**.

Ein **Rock** hat einen **Knopf**.
Viele **Röcke** haben viele **Knöpfe**.

Seite 58

Kanne	Wanne	Tanne	Pfanne
Tanne	Pfanne	Kanne	Wanne
Wanne	Kanne	Pfanne	Tanne
Pfanne	Tanne	Wanne	Kanne

Land	Sand	Wand	Hand
Wand	Hand	Land	Sand
Sand	Land	Hand	Wand
Hand	Wand	Sand	Land

Seite 59

TSuokmpmwenr — Ich liebe den **Sommer**.

MWhafstsmelr — Ich trinke gerne **Wasser**.

KBluetvtoenr — Ich esse gerne **Butter**.

EAufkflewn — Meine Lieblingstiere sind **Affen**.

RBoongmglehr — Ich liebe meinen **Bagger**.

Seite 60

Ker — ne
Bir — ten
Gur — ze
Gar — ke

 **Birne** **Gurke**

Garten **Kerze**

Seite 61

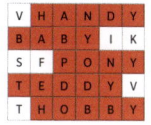

V	H	A	N	D	Y
B	A	B	Y	I	K
S	F	P	O	N	Y
T	E	D	D	Y	V
T	H	O	B	B	Y	

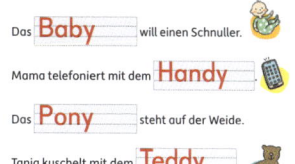

Das **Baby** will einen Schnuller.

Mama telefoniert mit dem **Handy**

Das **Pony** steht auf der Weide.

Tanja kuschelt mit dem **Teddy**

Mein **Hobby** ist Fußballspielen.

Seite 62

H S > and → **Hand**
Sand

M H > und → **Mund**
Hund

K W > ind → **Kind**
Wind

Pf H > erd → **Pferd**
Herd

Seite 63

Pia malen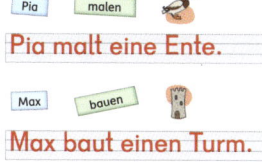
Pia malt eine Ente.

Max bauen
Max baut einen Turm.

Salim kaufen
Salim kauft ein Buch.

Azra finden
Azra findet einen Ring.

Seite 64

ß

 Straße
Straße

weiß
weiß

 Füße
Füße

 groß
groß

Seite 65

 Das Motorrad ist **schnell**

 Die Nadel ist **spitz**

 Die Zitrone ist **sauer**

 Das Kissen ist **weich**

 Der Turm ist **hoch**

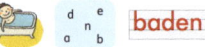 Der Ball ist **rund**

Seite 66

baden

trinken

schlafen

lesen

laufen

reiten

Seite 67

Wir treffen uns um neun

bei der Bank im Park.

Seite 68

Oma, Glas, Tante, Tulpe,

Krokodil, Ball, Fisch

Seite 69

Einzahl	Mehrzahl
ein **Fisch**	viele **Fische**
eine **Rose**	viele **Rosen**
ein **Ring**	viele **Ringe**
ein **Hut**	viele **Hüte**
ein **Pferd**	viele **Pferde**
ein **Buch**	viele **Bücher**
ein **Delfin**	viele **Delfine**

Seite 70

Butter – Mutter

Am Abend stellt meine **Mutter**

auf den Tisch die kalte **Butter**

Tasse – Kasse

Ich kaufe eine schöne **Tasse**

und bezahle diese an der **Kasse**

Puppe – Suppe

Ich spiele mit meiner **Puppe**

wir kochen heute leckere **Suppe**

Seite 71

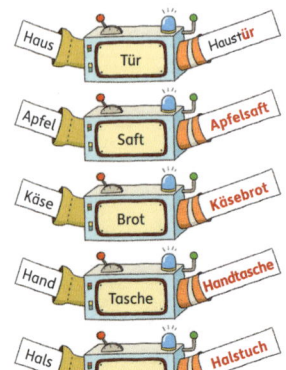

Haus — Tür — **Haustür**

Apfel — Saft — **Apfelsaft**

Käse — Brot — **Käsebrot**

Hand — Tasche — **Handtasche**

Hals — Tuch — **Halstuch**

Seite 72

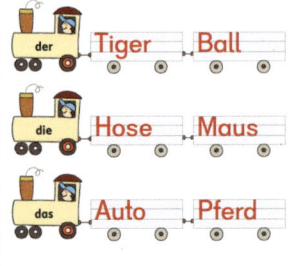

der **Tiger** **Ball**

die **Hose** **Maus**

das **Auto** **Pferd**

der **Baum**   das **Nest**

die **Schule**   das **Kissen**

Seite 73

Fle — gen — maus

Re — der — tel

Os — beu — ei

Turn — ter — schirm

 **Fledermaus**

 **Osterei**

Regenschirm

Turnbeutel

94

Seite 74

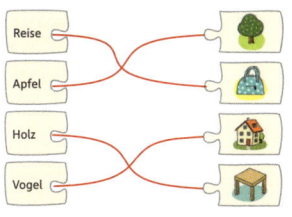

Reise
Apfel
Holz
Vogel

Reisetasche
Apfelbaum
Holztisch
Vogelhaus

Seite 75

Schuh	Schuh
Zahn	Zahn
Stuhl	Stuhl
Fahne	Fahne
Kuh	Kuh
Bahn	Bahn
Huhn	Huhn

Seite 76

1 Brief
2 Zwiebel
3 Stein
4 Ziege
5 Schwein
6 Leiter
7 Seife
8 Fliege

Der R ie s e macht eine R ei s e.

Seite 77

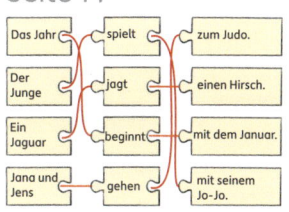

Das Jahr	spielt	zum Judo.
Der Junge	jagt	einen Hirsch.
Ein Jaguar	beginnt	mit dem Januar.
Jana und Jens	gehen	mit seinem Jo-Jo.

Das Jahr beginnt mit dem Januar. Der Junge spielt mit seinem Jo-Jo. Ein Jaguar jagt einen Hirsch. Jana und Jens gehen zum Judo.

Seite 78

Welche lustigen Sätze sind bei dir herausgekommen?

Die Eule bellt laut.

Das Pferd quakt am Teich.

Der Affe fängt eine Maus.

Seite 79

HALLO TIM,
LASS UNS
HEUTE INS
KINO GEHEN.
BIS DANN
PAPA

Seite 80

Das ___ in ___ lebt ___ Tier ___ Afrika.
Das Tier lebt in Afrika.

Sein ___ ist ___ Fell ___ gestreift.
Sein Fell ist gestreift.

Pferd ___ Es ___ ist ___ ein
Es ist ein Pferd.

Das gesuchte Tier ist ein Zebra.

Seite 81

	P	I	N	G	U	I	N
	H	E	R	Z			
5	F	Ü	N	F			
	P	I	N	S	E	L	
	F	R	O	S	C	H	
	Z	I	T	R	O	N	E
	S	T	E	R	N		
	P	F	E	I	L		
	F	E	N	S	T	E	R

Burg GRÜNSTEIN

Seite 82

Maria|spielt|im|Sand.
Maria spielt im Sand.

Ben|wirft|den|Ball.
Ben wirft den Ball.

Der|Ball|trifft|Maria|am|Kopf.
Der Ball trifft Maria am Kopf.

Ben|tröstet|Maria.
Ben tröstet Maria.

Seite 83

Heute ist ein wunderschöner Tag.
Mia und Paul gehen auf den Spielplatz.
Dort gibt es eine große Rutsche.
Die beiden rutschen die ganze Zeit.
Später essen sie noch ein Eis.

Heute

Leute ist ein wunderschöner Tag.

gehen

Mia und Paul geben auf den Spielplatz.

große

Dort gibt es eine graue Rutsche.

Zeit

Die beiden rutschen die ganze Zeit.

essen

Später eisen sie noch ein Eis.

Seite 84

So hat Clara den Zettel ausgefüllt:

Ich heiße **Clara**.

Ich bin **sechs** Jahre alt.

Ich wohne in **Berlin**.

Ich spiele gerne **Fangen**

Mein Lieblingsfach ist **Musik**

Ich esse am liebsten **Pizza**

Meine Lieblingstiere sind **Delfine**

Das kann ich besonders gut:
Flöte spielen

Seite 85

So sieht dein gebastelter Würfel aus:

Du kannst auch selbst noch
einen Würfel basteln und
mit anderen Buchstaben
beschriften.